冯友兰和青年谈心

青年的自我修养

自我修养篇

①

冯友兰———

著

北京联合出版公司
Beijing United Publishing Co.,Ltd.

图书在版编目（CIP）数据

青年的自我修养 / 冯友兰著． -- 北京 ： 北京联合
出版公司，2024.7
（冯友兰和青年谈心）
ISBN 978-7-5596-7597-2

Ⅰ．①青… Ⅱ．①冯… Ⅲ．①冯友兰（1895-1990）
－人生哲学－文集 Ⅳ．① B261.5-53

中国国家版本馆 CIP 数据核字（2024）第 085519 号

青年的自我修养

作　者：冯友兰
出 品 人：赵红仕
责任编辑：牛炜征

北京联合出版公司出版
（北京市西城区德外大街 83 号 9 层　100088）
北京联合天畅文化传播公司发行
北京美图印务有限公司印刷　新华书店经销
字数 80 千字　880 毫米 ×1230 毫米　1/32　8 印张
2024 年 7 月第 1 版　2024 年 7 月第 1 次印刷
ISBN 978-7-5596-7597-2
定价：49.80 元

目
录

青年的修养问题

今天讲的题目是"青年的修养问题"。

在表面上看，在这国势垂危的时候，来讲这个迂阔的问题，仿佛不大合适似的；其实，这个问题是一点也不迂阔。因为我们知道：一个国家的前途，以及一个民族的前途，其复兴的重任，都是担当在青年的身上。如果每一个青年，将来都能成为一个有用的人，一个有作为的人，那么，国家的前途，一定是很有希望的。反过来说：如果所有的青年将来都不能成为有用的人，有作为的人，那么，就是现在的国家能够马虎过下去，到将来也非糟不可。所以这问题不但不迂阔，并且还很重要。

关于"青年的修养问题"，我们现在可以分作五点来讲：

第一，要感觉责任。

在从前，中国的旧说法，说每一个人都有两种责任，一种是对于家庭的，一种是对于国家的。这也就是一般人所讲的忠、孝二字。忠是对于国家，而孝是对于家庭。如果一个人对于忠、孝二字有亏，那么，其他的方面，也就不堪闻问了。不过，这是从前的说法，现在已经不同了。在现在的社会里，一般人对于家庭的责任，似乎是减轻了一点，但这并不是像普通人所说的是什么人心古不古的问题。而实在因为现在的社会制度，和从前的社会制度，已经完全不同。譬如在从前，一个人做了官，不但全家可以享福，而且三代都受诰封。可是一个人犯了罪，全家也都随着同受惩罚。因此，在从前的社会制度下面，一般人对于家庭所负的责任是很重的。可是现在不同，现在是一人做事一人担当，和家庭没有关系，因而对于家庭所负的责任，也就比较减轻了。

　　并且在从前，有许多人都只能算作家里的人，而不能算作社会的人。譬如在从前的社会制度下面，妇女与儿童，都只能算作家里的人，而不能算作社会的人。换句话说：就是对于社会不负什么责任。可是现在不同了，妇女和儿童，不能再看作是家里的人，而也同样是社会的人。这样，对于家庭所负的责任，虽然比较减轻，可是对于社会所负的责任，就要加重了。

　　要知道：社会越是进步，一切越是社会化。越是社会化，人也越是不能离开社会，譬如在乡下，喝水是自己去挑，吃饭是自己去做，每一个家庭，就是一个经济单位。只管自己，而可以不去管旁人。可是在城市里就不同了，吃水是由自来水公司供给，吃饭是由麦粉公司供给。如果自来水公司和麦粉公司，一旦发生变化，那么，一般人的饮食，立刻就要发生问题。这就是因为城市的社会进步，已经成为社会化，而大家也不能离开社会了。越是不能离开社会，对于社会所负的责任，也越是要重。同时，社会越进步，社会上应做的事越多，而需要的人才也越多。我们既然不能离开社会，而去索居，那么，对于社会，就应该负起责任来。

第二，要立定志向。

每一个人都应该立定一个志向，要做一个大人物。这里所说的大人物，并不是一定非做主席不可。无论做一个什么角色都是没关系的，只要所做的事，对于社会有益就成。譬如唱戏，每出戏里都有一个主角，可是主角的地位，并不一定就重要。戏里的皇帝、皇后，往往都是配角。在历史上，每一件事都有一个主角，但那主角并不一定都是皇帝。所以我们应该去做对社会有益的事；只要对社会有益，那么，什么事都可以去做，不必非要做什么主席不可。

在从前，中国的旧说法，说做人有三不朽：一是立德，二是立功，三是立言。在这三不朽中，立德是最要紧，而且也是每一个人都可以做到的。至于立功、立言，不是任何人都可以做到的，必须要看自己的才学和所遇的机会如何而定。立德既是每一个人都可以做到的，那么，究竟应该怎样去做呢？说起来也很简单，就是无论做什么事，都要做得极好，而这事对于社会确实有益，那就是达到了立德的地步。

第三，要注重兴趣。

有许多青年，因为不知道将来应该做些什么事，常常去问人家。其实，这是没用的。要想知道将来应该做些什么事，必须先问一问自己的兴趣是在什么地方。我们可以这样说：一个人如果对于某一件事感到兴趣，那么那件事和他的性情一定是相近的。

我们如果把一件事做到极好的地步，必须要靠两种东西：一种是才，一种是学。才是天生的根底，就是一般人所说天才；学是后来加上去的努力。这两种东西合起来，才能做到极好的地步。如果一个人没有才，仅仅去学，结果也不能做到极好的地步。无论文学家、科学家、艺术家、发明家等，所以能够成功的原因，除去是有过人的天才以外，还要靠

青年的修养问题

努力的学。

　　说到这里，有人听了也许要觉得灰心。以为旁人能有天才，自己没有天才，一定不会把事做好的。其实，这也不尽然。要知道：每一个人都有他的才，不过，这个才，大家都不一样罢了。在从前科举时代，是不问你的才是在哪一方面，必须一律埋首在八股文里，如果有人的才，不是在这一方面，那就只有吃亏了。可是现在不同了，社会一天比一天的进步，各方面都需要人才。无论你的才是在哪一方面，都可以使它尽量的发展。

　　也许有人不知道自己的才是在哪一方面，其实，这不必自己去解决，天然已经替你解决了。你的兴趣在哪一方面，你的才就在那一方面。譬如猫捕鼠，这是一种才。但是猫并没有人家告诉它去捕鼠，而它自己看见老鼠就会发生兴趣，所以一捕就会捕到。可见我们在哪一方面有兴趣，就是在哪一方面有才。如果在我们感兴趣的这一方面努力做去，那么，一定可以成功的。

不过，这里也应该有一个限制。譬如有人说：我的兴趣是在看电影；那么，就应该每天去看电影。这是不对的。因为，看电影只是个人的一种享受，对于社会并没有尽什么责任。又譬如大家对于吃饭，都很感兴趣，如果只是吃饭，而不做事，那岂不成了饭桶了吗？我们是说：应该做些对于社会有益的事。譬如看电影和做电影，就不相同。如果有人对于做电影感觉兴趣，那么，就无妨去做电影。因为所做的电影，如果不是诲淫诲盗，对于社会，多少也是有益的。

对于社会有益的事，说起来也很多。无论是在政治、经济、学术、工业、商业，哪一方面，都需要人才。可见社会上，给予我们发展天才的机会是很多的。如果我们对于政治感觉兴趣，那么，就可以在政治上工作，但并不一定要做大官。最怕的一点，就是虚荣心。譬如有的人兴趣本来是在教育，可是因为觉得办教育不能出风头，而且是最清苦的一件事，为了虚荣心所驱使，于是就改做了旁的

青年的修养问题

事，结果一定也做不好。

第四，要忘去成败。

我们无论做什么事，如果把成败看得太真，就要感到许多痛苦。譬如比赛足球，胜利了就愉快，失败了就不高兴，把胜败看得太真，就没有意思了。我们在一生中，所想做的事不一定都能成功，而尤其是新兴的事业，那更没有把握了。因为凡是一种新兴的事业，在初做的时候，都是一种试验的性质，试验不一定会成功的，而失败的成分，要占最多。譬如飞机的发明，在起初，不知要失败了多少次，牺牲了多少人，到后来才成功。但第一个制作者，如果因为失败而灰心，后来的人也随着灰心下去，自然也不会有今日的成功。所以我们无论做什么事，遇到失败，千万不要灰心，仍然要继续做下去。

一件事的失败，是就个人的观点说的。如果就社会的观点说，大部分的事，是无所谓失败的。譬如第一个制作飞机的人，在个人观点上说，固是失败了，但在社会的观点说，并没有失败，失败就是成功。

我们无论做什么事，一方面应该忘去成败，但一方面也不要希望太切，往往天才越高的人，希望成功的心也越切。一旦不成功，就垂头丧气，什么也不想做了。在历史上，这种代表人物，是汉朝的贾谊，他的年纪本来很轻，见到汉文帝，立刻就要做宰相。没给他宰相做，于是就灰了心，过了几年竟死去了。贾谊虽然很有才学，但是缺少修养，所以也是不成的。

第五，要锻炼体格。

有许多人对于中国的前途，都抱悲观，但我却一点也不悲观。因为中国人除去体格不如人家以外，其余聪明、才力和哪一国都可以比得上。在中国，一个人活到六十岁，实际上就没有多大用了。往往有许多很有才学的人，却又不幸短命死去。一个人的死去，就个人的观点说：本来没有多大关系，但就社会的观点说：就很重要了。

一个人仅仅只有才学是不成的，而还需大家都承认他的才学，这就是一般人所说的资望。一个

青年的修养问题

人要有才有学，是要经过相当的时间，而大家都承认他的才学，又要经过相当的时间，合起来，至少就是四五十年的工夫。可是中国人到了这个年纪，却又多半就死去了。我们看，他国的大政治家，最活跃的时期，多是在六十岁左右，因为这时才学已经到了最完全的地步，而办事的经验，也相当丰富了。可是中国人到这个年纪，为什么就要死去呢？无疑的，最大的一个缘故，就是因为体格的衰弱。

总而言之，我们生为现代的人，一方面要有文明人的知识，而另一方面还要有野蛮人的身体，然后才能担当社会的大事。因为仅有文明人的知识，没有野蛮人的身体，遇到事情，是没有力量应付的。仅有野蛮人的身体，而没有文明人的知识，遇到事情，是没有方法解决的。希望大家在这一点上，能够特别努力才好。

<hr />

1936年12月22日在北平成达师范学校的演讲，赵幻云记录。
原载于《现代青年》第5卷第6期

人生的意义及人生中的境界

（一）

　　人生有意义吗？对于这个问题，我的回答是"人生是有意义的"，但人生的意义常因个人的见解不同，而各有差异。一件事物的意义，各人所说可以不同，其所说的不同，乃因各人对此事的了解不同，人对于宇宙人生的了解程度可有不同，因此宇宙人生对于人的意义亦有不同。宇宙人生对于人所有的某种不同的意义，即构成人所有的某种境界。

　　人生中的境界可分为四种：（一）自然境界，（二）功利境界，（三）道德境界，（四）天地境界。现叙述于下。

（一）自然境界：其特征是在此境界中的人，其行为是顺着他的才能或顺着他的习惯与社会风俗去做。既无明了的目的，也不明了所做的各种意义，小孩吃奶和原始人类的"日出而作，日入而息"都是属于自然境界，普通人的境界也是如此。

（二）功利境界：其特征是在此境界中的人，其行为是以追求个人的利益为目的。其与自然境界不同之处是自然境界的人其行为无目的也不明白意义，功利境界的人，他的行为有确定的目的且能明白它的意义。这两种境界，都是普通一般人所有的。

（三）道德境界：其特征是在此境界中的人，其行为是行义的。所谓义与利，并非各不相关，二者表面相反，实则相需相成。二者的真正分别，应该是求个人之利者为利，求社会之利者为义，亦即程伊川所说："义与利之别，即公与私之别。"道德境界中的人，其所作为皆能为社会谋利益，古今贤人及英雄便是已达到道德境界的。

（四）天地境界：其特征是在此境界中的人其行为是事天的。换言之，我的身躯虽不过七尺，但其精神充塞于天地之间，其事业不仅贡献于社会，更能贡献于宇宙，而"与天地比寿，与日月同光"。唯大圣大贤乃能达到这个境界。

以上四种境界，各有高低不同。某种境界所需的知识程度高，则境界亦高；所需知识低，则境界亦低。故自然境界为最低，功利境界较高，道德境界更高，天地境界最高。因境界有高低，所以人所实际享受的一部分世界也有大小，一个人所能享受的世界的大小，以其所能感觉的和所能认识的范围的大小为限。就感觉而论，各人所能享受的世界很少差别，食前方丈与蔬食箪饮，并无多大的不同。若以认识了解而论，各人所享受的世界差别很大：如自然境界的人和天地境界的人认识不同，了解不同，因而这两种人所享受的世界，亦有很大的悬殊。四种境界，不仅有高低之分，还有久暂之别。因为人的心理复杂，有的人已达到某种境界，但因

人生的意义及人生中的境界

心理变化，不能常住于此境界中。作恶的人属于功利境界，有时因良心发现，做一点好事，在良心发现这一刹那间，他就入了道德境界，因未经过特别修养功夫，不能常住于道德境界中，过了一会以后，又回复到功利境界。若有人能常住在道德境界中，便是贤人；能常住在天地境界中，便是圣人。

四种境界就其高低的层次看，由低而高，表示一种发展。前二者是自然的礼物，不需要特别功夫，一般人都可以达到。后二者是精神的创造，必须经过特别修养的功夫，才能达到。道德境界中的人是贤人，天地境界中的人是圣人，两种境界可算是圣关贤域。圣贤虽和众人不同，但他达到道德和天地境界，不必做一些标新立异的特别事。他所做的事其实还是普通人能做的事，不过他的认识比一般人高而深，故任何事对他都能发生特殊意义，此即所谓"极高明而道中庸"。

（二）

何谓"意义"？意义发生于自觉及了解。任何事物，如果我们对它能够了解，便有意义，否则便无意义。了解越多，越有意义；了解得少，便没有多大的意义。何谓"自觉"？我们知道自己在做一件事情，便是自觉。人类与禽兽所不同的地方，就是人类能够了解、能够自觉，而禽兽则否。譬如喝水吧，我们晓得自己在喝水，并且知道喝水是怎么一回事；可是兽类喝水的时候，它却不晓得它在喝水，而且不明白喝水是什么一回事，兽类的喝水，常常是出于一种本能。

对于任何事物，每个人了解的程度不一定相同，然而兽类对于事物却谈不到什么了解。例如我们在礼堂演讲，忽然跑进了一条狗，狗只看见一堆东西坐在那里，它不了解这就是演讲，因为它不了解演讲，所以我们的演讲对于它便毫无意义。又如逃警报的时候，街上的狗每每跟着人们乱跑，它们对于逃警报根本就不懂得是一回什么事，不过跟着人们跑跑而已。可是逃警报的人却各有各的了解，有的懂得为什么会有警报，有的懂得为什么敌人会

人生的意义及人生中的境界

打我们，有的却不能完全了解这些道理。

同样的，假如我们能够了解人生，人生便有意义；倘使我们不能了解人生，人生便无意义。各个人对于人生的了解多不相同，因此，人生的境界便有分别。境界的不同是由于认识的互异。有如旅行游山一样，地质学家与诗人虽同往游山，可是地质学家的观感和诗人的观感却大不相同。

人生的境界大体上可分为四类：（一）自然境界——最低级的，了解的程度最少，这一类人大半是"顺才"或"顺习"。（二）功利境界——较高级的，需要进一层的了解。（三）道德境界——更高级的，需要更高深的了解。（四）天地境界——最高的境界，需要最彻底的了解。

在自然境界中的人，不论干什么事情，不是依照社会习惯，便是依照其本性去做。他们从来未曾了解做某件事情的意义，往好处说，这就是"天真烂漫"，往差处说便是"糊里糊涂"。他们既不懂得为什么要这样做，又不明白做某件事情有什么意义，所以他们可说没有自觉。有时他们纵然是整天笑嘻嘻，可是却不自觉快乐。有如天真的婴孩，他虽然笑逐颜开，可是却一点都不觉得自己快乐，两种情况完全相同。这一类人对于"生""死"皆不了解，而且亦没有"我"的观念。

功利境界中的人，对于人生的了解，比较进了一步，他们有"我"的观念；不论做什么事，都是为着功利、为着自己的利益打算。这一批人大抵贪生怕死。有时他们亦会为社会服务，为国家做点事，可是他们做事的动机是想换取更高的代价，表面上，他们虽在服务，但其最后的目的还是为着小我。

在道德境界中的人，不论所做何事，皆以服务社会为目的。这一类人既不贪生，又不怕死。他们晓得除"我"以外，上面还有一个社会、一个全体。他们了解个人是社会的一部分，个人与社会是部分与全体的关系。就普通常识来说，部分的存在似乎先于全体，可是从哲学来说，应该先有全体，

人生的意义及人生中的境界

然后始有个体。例如房子中的支"柱"，是有了房子以后，始有所谓"柱"，假使没有房子，则柱不成为柱，它只是一件大木料而已。同样，人类在有了人伦的关系以后，始有所谓"人"，如没有人伦关系，则人便不成为人，只是一团血肉。不错，在没有社会组织以前，每个人确已先具有一团肉，可是我们之成为人，却因为是有了社会组织的缘故。道德境界的人，很清楚地了解这一点。

天地境界中的人，一切皆以服务宇宙为目的。他们对于生死的见解：既无所谓生，复无所谓死。他们认为在社会之上尚有一个更高的全体——宇宙。科学家的所谓宇宙，系指天体、太阳系及天河等；哲学家的所谓宇宙，系指一切，所以宇宙之外不会有其他的东西，个人绝对不能离开宇宙而存在。天地境界的人能够彻底了解这些道理，所以他们所做的事便是为宇宙服务。

中国的所谓"圣贤"，应该有一个分别，"贤"是指道德境界的人，"圣"是指天地境界的人。至于一般的芸芸众生，不是属于自然境界，便属于功利境界。要达到自然境界或功利境界非常容易，要想进入道德境界或天地境界却需要努力，只有努力，才能了解。究竟要怎样做，才算是为宇宙服务呢？为宇宙服务所做的事，绝对不是什么离奇特别的事，与为社会服务而做的事并无二致。不过所做的事虽然一样，了解的程度不同，其境界就不同了。

我曾经看见一个文字学的教授在指责一个粗识文字的老百姓，说他写了一个别字。那一个别字本来可以当作古字的假借，所以当时我便代那写字的人辩护。结果，那位文字学教授这样回答我："这一个字如果是我写的，就是假借，出自一个粗识文字的人的手笔，便是别字。"这一段话很值得寻味，这就是说，做同样的事情，因为了解程度互异，可以有不同的境界。

再举一例，同样是大学教授，因为了解不同，亦有几种不同的境界：属于自然境界的，他们留学回来以后，有人请他教课，他便莫名其妙地当起教授来，什么叫作教育，他毫不理会。有些教授则属于功利境界，他们所以跑去当教授，是为着提高声望，以便将来做官，可以铨叙较高的职位。另外有些教授则属于道德境界，因为他们具有"得天下英才而教育之"的怀抱。有些教授则系天地境界，他们执教的目的是为欲"得宇宙天才而教育之"。在客观上，这四种教授所做的事情是一样的，可是因为了解的程度不同，其境界自有差别。

《中庸》有两句话，说圣人可以"赞天地之化育"，可以"与天地参"。所谓"赞天地之化育"并不是帮助天地刮风或下雨。"化育"是什么？能够在天地间生长的都是化育，能够了解这一点，则我们的生活行动都可以说是"赞天地之化育"；如果不明白这一点，那么我们的生活行动只能说是"为天地所化育"。所谓圣人，他能够了解天地的化育，所以始能顶天立地，与天地参。草木无知（不懂化育的原理），所以草木只能为天地所化育。

由此看来，做圣人可以说很容易，亦可以说很难，圣人固然可以干出特别的事来，但并不是干出特别的事，始能成为圣人。所谓"迷则为凡，悟则为圣"，就是指做圣人的容易，人人可为圣贤，其原因亦在于此。总而言之，所谓人生的意义，全凭我们对于人生的了解。

本篇系冯教授在重庆复兴关对青年军演讲词，因冯先生已赴美讲学，未清其校阅记录。原载于《新力》创刊号，1947年6月1日。

人生的意义及人生中的境界

对于人生问题的一个讨论

——在中州大学讲演会讲演稿

　　今天，贵会开第一次会，使我得来恭逢这个盛会，我实在很喜欢。我今天所讲的题目是《对于人生问题的一个讨论》。我去年在曹州中学讲演时讲的，大约都是西洋哲学史，当时他们一定叫我讲我自己关于人生的意见。我讲了一点，以后又增加了一点，就成了这个演讲。

　　民国十二年，中国思想界有一个顶关紧的事项，就是人生观的论战。张君劢说："人生观不是科学律令公式所能解决的。"当时丁文江又出来说："人生观用科学律令公式解决是可能的。"这样的论战很有些时。据唐钺的调查，他们讨论的重要问题有十三个。因为问题太多，所以不能有一个系统的观察。而且他们的讨论，据胡适之说，"并没有把一种具体的人生观说出来，而只是证明人生观是否可以用科学来解决。唯有吴稚晖先生的《我的一个新信仰——宇宙观及人生观》还算说出一个具体的人生观来"。我现在所说的，便是具体的人生观，至于我说得对不对，和方法的错不错，还请大家批评。

一、陈独秀先生曾经说过："人生之真相果何如乎？此哲学中之大问题也。欲解决此问题似非今人智之所能。"他的意见觉得这个问题太大，现在不能够一时解决。我觉得这个问题并不难解决。凡一事物必是对于局外人方要知其真相。譬如，现在的北京政局，我们因是局外人，才要求他的真相。如果是当局的人就不必去打听这个真相了。人是人的当局者，而所谓人生者亦就是人的一切动作。譬如演剧，剧是人生，而演剧者一举一动都是人生，亦就是人生的真相，就没有其他的问题了。我们现在

对于人生问题的一个讨论

处人的地位，而去求人生的真相，无异乎宋儒所说的"骑驴寻驴"了。

二、我方才所说的一片话，大家总不能说就满意，因为如今人所欲知者，实在并不是"人生的真相"。而是要解释"人生的真相"，人生是为什么？"为"字有两种意义。

（一）是因为什么的解法，原因。

（二）是所为什么的解法，目的就是戏上所说的"我们为何来"。因为有这两种解释，就有两种的答法。

（一）原因，因为什么。这个问题是很难解答的，人是天然界一个东西，就是万物之灵也罢，高等动物也罢，然而总出不了天然界之外。而所谓人生，也就是天然界里一件事情——如刮风、下雨、草木的发生，都不能问他因为什么。要答这个问题，非把天然界全体的事情都加以说明不可，我想如今人类知识还不能够来解释天然界的全体，况且我们在短期讲演时间，哪能解释明白？

（二）目的，所为什么。陈独秀说过："我们人类究竟为的什么，应该怎样，如果不能回答这两个问题，模模糊糊过了一世，也未免太觉无味。"独秀先生的话可以代表一般人要解答这些问题的意思，我也遇着几个人要问这个问题，以为是要不得这些问题的解答，人生未免太乏味。方才我说人是天然界的一个东西，人生是人的一切动作。就这个动作分析起来，有种种的部分，每一部分的行为，说起来是人为的，而从人生全体看，却是天然的事情，譬如演戏，件件的举动是假的，而其全体却真是人生的一件事情。凡是天然的，不能问他是什么目的，如雨就是雨，山就是山……吾人观天然界的东西，只可说他"就是如此"，不能像人为界里的区分为目的与手段。在人为界里的事情可以说是有目的，但是全一个人生就不能说有什么目的了。

有一般目的派的哲学家，如亚里士多德，说天地为什么生草，供牲口的食用；为什么生牲口，供人类的食用。有人就讥笑这种目的论哲学说"人为

025

什么生鼻子，为戴眼镜"。可见目的派也靠不住，所以我说人生就是如此，人生就是为生活而生活。

德国费希特说："人生为的是自我实现。"法国柏格森说；"人的生活是要创化。"如果再问为什么要实现，为什么要创化，他只能答："为实现而实现，为创化而创化。"又有人说："人生为真善美。"为什么为真善美，亦答不出所以然来，那又何必绕这个大弯呢？

大凡于生活无阻碍的人，都不问为什么生活，有些人对于生活发生了问题，发生了悲观，他的生活达不到目的，他才要问："人为什么生活？"这就可以证明"人就是为生活而生活"的了。

庄子说："泉涸，鱼相处于陆。相呴以湿，相濡以沫，不如相忘于江湖。"我论这些问题，亦只取"相忘于江湖"的态度。

三、方才说人生，就是人生，就是为生活而生活。然生与死何以区别呢？生活要素是活动，活动停止就是死。此活动的意义是广义的，如身之活动及心之活动都是。然而这些活动的原动力，就是人生的各种"欲"，欲满足此"欲"，乃有活动。我所说的"欲"，包括现在人所说的冲动、欲望两样。

A．冲动：就是人之本能的、动作的倾向，大都是无意识的，因冲动虽是一种要求，而不知其所要求之目的，虽欲实现，而不知其所欲实现的是什么。这是本能的，不学而能的。如婴儿吃乳，饿了就要哭，可是他决不能说出他哭的是什么。

B．欲望：其中参加有知识的分子，它亦是一种要求，可是知所要求的是什么，是有意识的。

近来梁任公先生以"情感"为活动力之原动，情感是活动时心理上一种情形。如人遇见了他的仇人，就去打他。并不是恼了才去打的，实在是打了才恼的。詹姆士说："见了可怕的蛇就跑，并不是怕了才去跑，实在是跑了才怕的。"所以情感与活动的关系，如风雨表与风雨的关系，并不是说风雨是风雨表的原因。

四、人生的要素是活动，假使人类的欲望没

对于人生问题的一个讨论

有冲突，那人生就美满了。实际中欲望相互冲突的地方很多，不但我的欲与人之欲相冲突，就是个人的欲望亦是常相冲突。中国古来有个传说，"三人言志，一发财、一做官、一成神。一腰缠十万贯，骑鹤下扬州"。试问哪一人的欲望能满足呢？因为不能个个满足欲望，人生问题才发生出来。既发生了人生问题，将怎么样解决呢？就是和、中、通三义，兹分述于下。

"和"的目的就是在冲突的欲之内，使大多数欲可以满足。一切政治、法律、社会、宗教……都是求和的方法。穆勒说："个人之自由，以不侵犯他人之自由为限。"就是求和的一法。种种道德之法，都是求和之道，或是有比这好的，但只是求和的方法不得不有。譬如政府不好，实行政府主义，不过无政府亦是一种方法，如果仅凭着一人的直觉去活动，我真不敢承认。

"中"就是孔夫子所说"中庸之道"的"中"，也就是能满足此欲而又不妨害他欲之一个程度，"饮酒无量不及乱"就是一个例。在道德方面为"和"，在学问方面为"通"。"通"是什么？举一个例，好比大家都承认地圆。地方之说，是完全取消，因为有许多现象用地方之说去解释便不通，而地圆可以讲通，此即谓"通"。一种道德制度，愈能得和大，则愈好，就以知识上的道理解释的现象愈多则愈通。如以前的教育方法约束学生，现在的新教育法有了游戏的时间，有研究学习的时间，乃可以满足各方面的欲望，所以新方法比旧方法好。中国古书上说"天下之达道也，天下之通义也，天下之达德也……"，就是说，越能通的就越好。

五、刚才说的全是抽象的中、和、通，若实际上的中、和、通，则不能不用理智去研究。梁漱溟先生讲"中，非用直觉去认不可"，我觉得他说这话很危险，他的话的根本是假定在"人之初，性本善，性相近，习相远"几句话的上面，人性是善的恐难靠得住，现在有一派心理学家就是性恶派。倘若梁先生说："能顺着自然的路走，就是很对的

对于人生问题的一个讨论

路。"试问问他讲的什么，不是因为人类走错了路么？他有些讲的我很赞同，但直觉的话是危险的。

我也非说人性恶，我们要知道人本是天然界的一个东西，他的性本来不能说是善或是恶，因为是自然的就是那个样了。不过他们时相冲突才有善恶之分，就是刚才所说的"和"，能包含的便是善，"和"不能包含的便是恶，至于性的本来却不能说善与恶。

六、好的意义，就着本能而言都是好的，凡是能使欲望满足的都是好，欲望冲突以后，不包括在"和"之内的，好就变成恶了。好还可以分为两种：

A．内有的好，本身可以满足我欲望的，如糖的甜。

B．手段的好，他本身不能使我们满足，可是他能使我们得到满足我们欲望之物，如药是苦的，不好吃，是不能满足我们的，但是他能使我们身体康健，可以使我们满足。

这两种的分别无一定，要看我们的目的何在。譬如，我在黑板上写字，要为练习而写，那就是内有的好；要是为你看而写，就是手段的好。然而说到人生，实在是痛苦的，往往必得有种种的手段的好，方可得到内有的好，但是有时候费尽力量去用手段的好，内有的好仍得不到，因这而痛苦更不堪了。若是这样，也有一种解决的方法，就是把手段的好与内有的好看作一样的东西。譬如我写字是求你们看的。但是你们要是不看的时候，我就可以看作我自己练习字，那就无所谓痛苦了。不过有些东西也不然。如茶，人总不愿意把它当作内有的好看待。

七、人死是人生的反面，也就是人生的大事。古人有"大哉死乎，君子休焉，小人休焉"的话。就可以代表人对于死的问题很以为重要的了。因为人都是怕死，所以死后成鬼与否，或者死后有没有灵魂的问题，就出来了。有一班修仙学道的人，说人是可以不死的。我觉得长生不老固然不能，可是不死是能的。如"生殖"就是不死。好像一棵树，结了籽实，落到地下面，成了别一棵树，别一棵树

对于人生问题的一个讨论

确是那棵树的一部分种子，所以那棵树仍是没死。照这样说，不死也就没甚大稀罕，在一种下等动物——阿米巴，他的生殖是一个细胞分裂的，也就不知那是新生的或老的了。"不孝有三，无后为大。"自古以来传到如今，因为无后，才算真死，这话也合乎生物学的道理。

八、不朽与不死同是指人之一部分之继续生活力。不朽是指人之一种不可磨灭的地方，这样不可磨灭的地方人人都有，也就是人人都是不朽。而且想朽也是不能的。譬如那边夫役洗凳子的声音，在世界上已经有了这回事，想去掉也不能。

不过这种种的不朽，有大不朽与小不朽的分别。大不朽是人人都知道的，如尧、舜、孔子。知道小不朽人少，如夫役洗凳子的声音。要就存在而论，这一种声音和直奉战争都一样的存在。所不同的，就是在乎人知道的多少罢了。

在不朽里包括有立德、立功、立言。桓温说："丈夫不能流芳百世，亦当遗臭万年。"二者都是不朽，不过这两种分别，只在"流芳"与"遗臭"罢了。

照上面所说，算是生也有了，死也有了。我的人生观也可以收束了。

――――――――――

原载于《新中州报》1924年11月17日、18日。

对于人生问题的一个讨论

中国哲学与民主政治

主席、各位先生：

我今天有机会在这里讲演，我觉得是一件很有意义的事情。我所说的很有意义，并不是我在这里讲演有什么特别的价值，而是我能够在此地讲演这件事情有重大的意义。在"抗战"开始的时候，北平有许多教授，随着"抗战"军事的变迁退到后方，一步一步退到西南；胜利以后，又回到北平。我今天能在此地讲演，实在是一件有重大意义的事情。

中国在历史上，遇着重大的外侮不能抵挡的时候，往往退到南方去，在历史上给一个专名词，称为"南渡"。第一次是晋代避五胡之乱，迁到南京；第二次是宋代避金元之侵犯，迁到杭州；第三次是明代避满兵之进掠，迁到福州等地。以上几个朝代，都是因为抵抗不过外侮的侵略而南渡的，历史上各朝代的南渡，都是偏安在一隅，以至败亡，没有一代能再回来的。所以历史上有"东晋""南宋""南明"等时代，而且都是挣扎的余波而已。

我国此次"抗战"，在开始时，许多败北主义者，都认为又和历史上各朝代的南渡一样。我在离平之前，遇见一位自以为是日本通的人，他说："中国这次抗日，结果一定很坏。"问他将要坏到什么程度，他说："幸而亡国。"又问他"假如不幸呢"，他说："不幸更要灭种。"他以为这是无可逃避的命运。这次中国的胜利，的确是打破历史上的成例，可以说是"前无古人"。因为我们不希望以后再有南渡的事情，所以不必说是"后无来者"。

今天所讲的题目，各位在报纸上已经看到了，就是"中国哲学与民主政治"。这一个题目包含两个名词——"中国哲学"是一个名词，"民主政治"又是一个名词。我们现在先解释这两个名词。

说到"中国哲学"这个名词，内容非常的广泛，而且其中的派别又非常的多。但在中国哲学上占重要地位的，只有儒、道两家，我们现在就以儒家的孔孟、道家的老庄为代表。

再就"民主政治"一名说，近来报章杂志上，对"民主"或"民主政治"谈到的特别多。民主的意义各人所见不同，解释也非常的多。现在因为时间有限，也没工夫讨论它的定义。简单地说，民主包含有平等、自由等概念，它的含义就是思想自由、言论自由等等。政治的设施，能使人得到自由平等的，就称为"民主政治"。不过这也不是绝对的。比如，有两种以上的政治措施，哪一种越能使人得到平等自由，就是哪一种越比较民主。这是今天所讲的题目简单的解释。

今天所以要讲这个题目的意义，就是要说明中国哲学的思想哪些合于民主政治。许多人以为中国过去是封建社会，中国哲学是封建社会所孕育产生的。由封建社会所产生的思潮，自然是要维护封建社会，而为封建制度理论的根据。这种说法，固然有他的道理；但中国哲学中表现民主思想，而可以为民主政治的根据者，也很不少。这正是今天我们所要讨论的。

一提到中国哲学史上的民主思想，马上就有人联想到孟子"民为贵，社稷次之，君为轻"一类的思想。把人民看得最重，把国君看得甚轻，的确可以为民主政治的依据。不过这种理论即已为人所共知、所常说，我们也不必再加申述了。

此刻说到本题，我们先说在民主政治的社会里，人对于人应当有怎样的了解，和应该持怎样的态度，然后再研究中国哲学中有没有此种理论的根据。我们对于这个问题分为以下几点来说：

第一点，要有"人是人"的观感，而确实知道"人是人"。一说"人是人"这句话时，一定有人觉得无甚意义，而以为是滔滔逻辑，就等于说建国堂是建国堂，并没有新的意义。可是我们不能有这么浅肤的看法。"人是人"这句话，应有以下两种解释——

"人是人"的第一种解释，就是说，人有独立的人格、自由的意志，凡人都是彼此平等，决不能拿任何人做工具。这是讲民主政治应有的常识，也是应持的态度。在中国哲学史上，儒家、道家都具有这种见解，孟子说"人皆可以为尧舜"，又说"尧舜与人同耳"。这些话实在含有人人平等的意思。人人都可以为尧舜，尧舜和一般人相同，这是最平等的思想。如在印度，阶级观念极深，而且看的非常严格，便不能说是平等。至于所谓"人人皆可成佛"和"放下屠刀立地成佛"等名言，乃是中国佛家的话，和印度思想显然不同。在中国传统思想中，人们的能力知识尽管不同，而在道德价值上，倒是人人平等，人人可以为尧舜，自然不能以别人为工具。世界上最不道德之事，就是以别人为工具，而达他自己的目的。德国哲学家康德（Kant）

也说道："德就是不能以人为工具。"孟子说："行一不义，杀一不辜，而得天下，皆不为也。"这句话乍看起来，似嫌迂阔，以为执政者杀人不当的时候是常有的。如果说不冤杀一人，未免过于理想。不过事实上杀人尽管有杀错的时候，而在理论上，的确不能枉杀一个人。如以杀人为手段而图达任何目的，那就是罪恶，就是不义。用现在的话说，就是违反民主，那是绝对不应该的。也许有人要说，军官下命令教部下什么事情，以至于冒险牺牲，是不是以人为工具呢？这倒不然，因为任何一种社会组织，任何一个团体，都要有组织、有纪律。军官命令部下做事，以至冒险牺牲，都是在法定组织中执行的任务，并不是以人为工具，而是他的职权应该如此。

"人是人"的第二种解释，是"人不是神"。有神没有神，我们固不必论。但就神的概念说，神是超乎人的，可以没有过失的。人则不然，人不是超人，不是没有错误的，有错误就可以加以批评。

中国哲学与民主政治

也就是说，人可以受批评，但批评只限于批评其错误，而不应涉及其他事情。人人可以批评别人，人人可以接受批评，这是民主社会里应有的风度。孔门中论人，特别重视改过，而不说人能无过。《论语》里边讲改过的地方很多，比如"过则无惮改"，"过而能改"等都是注意改过，孔子最喜欢颜渊，他称赞颜渊，不像现在人夸奖人完全无过，而说他"不贰过"。有不贰过的改过精神，也就很可贵了，每人都可以有错误，都可以受批评；这种能受批评的容忍态度，在实行民主政治的条件上，是很需要的。

第二点，对一切的事物都有多元论的看法。

就是说，天下的事事物物都是多方面的，不能执一种见解而概括一切。我们觉得唯什么论，唯什么论，都是不对的。比如在"抗战"时期，有人特别主张武器的重要，人家就称他为"唯武器论者"；又有人特别注意组织，于是也有人称他为"唯组织论者"。说武器重要，或组织重要，都不算错；但如以一件事项概括一切，那就不对了。他们的意思原不算错，但加上一个"唯"字，一"唯"就"唯一"坏了。没有武器固然不能打仗，但仅有武器，也不一定能够打仗。单靠物质不成，单靠精神也不成。所谓"唯物论"，在英文原为Materialism，可译作"物质论"，原文并无"唯"字的意思。但译者加上一个"唯"字，读者望文生义，以为唯物主义者就是吃喝嫖赌，无所不为，终日专在物质享受上过生活。所谓"唯心论"，英文为Idealism，一称"观念论"，也没有"唯"字的意思。加一"唯"字，意义就迥然不同了。如以为唯心者专靠精神生活，什么都不吃、不喝、不用，那也一样的错。所以人们应该持多元论的看法。道家对于此理，特别注意。用现在的话说，就是特别强调。人如有所不同，最好听其自然发展，各适其适，顺其性情，不必使其整齐划一。比如庄子说："凫胫虽短，续之则忧；鹤胫虽长，断之则悲。"就是，以为鸭的腿短，不够标准，给它接上一点，它就受不了。以为白鹤的腿太长，超过标准，要给它去一点，它也受不了。道家对此等道理，特别重视，例子也多得不可胜举。

有人以为儒家是主张整齐划一的，实在儒家并不如此。主张整齐划一的是墨家，墨家是主张尚同的，一同而无不同，乃是整齐划一的极则。儒家主张"和而不同"，而且特别强调"和"。和就必须有异，就是有所不同。把各种不同的异调和起来，就叫作"和"。比如做菜，同则只有一味，便觉得索然无味；必须加甜、加酸、加辣等佐料，使成一种新的味道。这种味道也不是甜，也不是酸，也不是辣；但是也有甜、有酸、有辣，而这种味道，才可以称为"和"，才能好吃。所以儒家不但不反对异，而且主张必须有异，儒家特别重视音乐，也是这种道理。音乐如果只有单音，便无趣味，如拉单弦，只有杀鸡的声音，使人听了，只有聒耳，并不能引起兴趣，必须丝竹合奏，宫商角徵羽，五音六律，男高音，女高音，调和配合，才能翕如纯如，富有意义。英文称音乐的和谐或合奏曲为Symphony，而且以谐和为音乐起码的标准。儒家讲和，还主张"中和"，中则无过不及。仍以厨师做菜为喻，他用盐、用油、用酱等，都应不太多，不太少，样样恰到好处，才能得到中和，才能适口；如某一种或两种过多或过少，那就不是中和，也就不好吃了。所以儒家讲中和，以为任何一种东西能够存在，就是得到和的条件；否则便不是常态，或致不能继续生存。如人体中，某一部分特别发达，就是病态——如扁桃腺特别发达，就必须把它割去。常言称人有病为"身体违和"，天地称为"太和"，都是证明和的必要。民主政治就是政治要合乎中和的原则，容万有不同，而和合的发展。

第三点，要有超越感。就是要站在一切不同之上而有超越之观感，切不可站在自己的观点之上而权衡其他的一切。假如一个人没有超越感，则必以为自己是绝对的，而别人的见解和自己不合之处，便以为是错误的。从前有一个故事，说有一个向不

中国哲学与民主政治

出门的乡下人，偶尔到一个很远的生地方去，他说的话别人听不懂，别人说的话他也听不懂。他以为别人说的话，格里格拉的不清楚，他自己听不懂是应当的；他自己说的话特别清楚，别人硬以为听不懂，就是故意捣乱，实在不应该，他因此非常的生气。其实他自己的话也许很清楚，人家的话也不见得不清楚，对听不懂的话，就认为不清楚，那正是偏见的错误。在现在大家都是常常出门，且常到很远的地方去，对别处听不懂的话，都视为当然，已无生气的感觉了。各地语言不同，本来是很自然的事情，而在古人的观感，倒并不是这样。孟子称楚人为"南蛮鴃舌之人"；英语称野蛮为Barbarism，本是由希腊语的Barbar变来的，形容一种听不懂的语言为巴巴，深含一种轻鄙之意，所以就变成了野蛮的意思。一个人被自己的狭隘观点所限，便不能有超然之处。《庄子·齐物论》说，"有儒墨之是非……此亦一是非，彼亦一是非"，而互相争辩，那是不对的。他主张"得其环中"，"和之以天倪"，对万物不齐，即以不齐齐之，便是超越的观感。有此见解，彼此互忍相让，才能谈到民主政治。

第四点，要有幽默感。"幽默"一语，是由英文的Humor音译而来的，古语称为"谐"，也称为"谐趣"，幽默感在实行民主政治上也是很必需的。比如别人批评自己，自己不应因为被批评而难过，而愤恨，至多报以批评就可以了，或者"一笑了之"。此等"一笑了之"，就是幽默感。英美人士都富于幽默感，中国同胞也是如此。"抗战"八年，历时甚久，何以大家能够受得了呢？不得已时也只是一笑了之。战时在昆明，不论教授、学生，或别的人们，都有一条小口袋，装上要带的东西，一遇警报，大家一跑一躲，及至警报解除，大家又说又笑各自回家。这就是一笑了之的态度。如果没有这种精神——幽默感，一遇变化，或许会变成神经病，凭空要添许多痛苦。

不论做任何事情，总是失败的机会多，成功的机会少。因为每做一件事情，都需要许多条件，

中国哲学与民主政治

齐全适合，才能完成，即佛经所谓"众缘和合"。比如我今天在这里讲演，就需要许多条件：假如我不来北平，根本就讲不成，或者临时我生了病，或者是建国堂塌了，我今天都不能在这里讲演。所以凡事成功都不容易，不成功，只好"一笑了之"。如此，就是幽默感。不然的话，不成功就要烦恼发闷，也许会得神经病。如考试不及格、失恋、丢官等都是失败，都可"一笑了之"。过去有些学者，以为古时的圣贤都是终日板起面孔，走四方步，其实并不如他们想象的那样，只有宋以后的学者才是那样的。据我所知，孔子就不然。《论语》载："子之武城，闻弦歌之声。夫子莞尔而笑，曰：割鸡焉用牛刀？子游对曰：昔者偃也闻诸夫子曰：君子学道则爱人，小人学道则易使也。子曰：二三子！偃之言是也，前言戏之耳。"既能莞尔而笑，就不是整天板着面孔；既然说前言戏之耳，可知孔子也时常作戏言。这一段把孔子的活泼幽默，可以说是描绘入神。由此可以知道，真正的孔子，并不如大成殿里所塑的孔子那个样。

以上四种态度，都是实行民主政治的必要条件，必须大家都具这种见解，抱这种态度，人人尊重此种作风，才能实行真正的民主政治。中国哲学家，实在具有此等见解和态度，对于民主政治的实行，的确是相合的。

———————————

1946年8月。

我研究中国哲学史的一点经验

　　很有些青年同志要我谈治学经验，具体地说，如何学习和研究中国哲学史。在这方面，我是有些经验，有成功的，也有失败的。现在就从掌握材料谈起吧！

　　怎样算是掌握了材料呢？我把材料都收集齐了，比方说，买了很多很多书，算不算掌握了材料了呢？还不算。我把这些书都读了，算不算掌握了材料了呢？也还不算。只有不但是读了，而且是真正读懂了，那才算是掌握了材料。

　　怎样才算真正读懂了呢？司马迁曾经说：好学

深思之士，心知其意。董老（必武）咏赞雷锋学习毛泽东著作的诗中说："不唯明字句，而且得精神。"所得"心知其意""得精神"，或者说领会精神实质，都是指真正读懂了。不过这说得还不具体，我们还是就哲学史——中国哲学史的具体情况来说吧！

哲学史是哲学发展的历史。在这里有本来的哲学史和写的哲学史之分。我们常常讲事物的"本来面目"，哲学史也有其"本来面目"，它就是本来的哲学史。写的哲学史，就是研究本来的哲学史的人所写的研究结果，是本来的哲学史的摹本。本来的哲学史只有一个，而写的哲学史则有许多，哪一个写得最符合本来面目，哪一个就写得最好。

哲学家对于人类的精神生活作了反思，又把他的反思用理论思维的言语表达出来，成为一个思想体系，这就是他的哲学体系。他是怎么想的、怎么说的、怎么写的，他的体系是怎么建成的，这都是研究哲学史的人所首先要研究的，这就需要大量的

我研究中国哲学史的一点经验

调查研究工作，其中包括真正读懂这位哲学家的哲学著述。不做这种工作，而只抓住他的片言只字，就断定他是个什么论者，从而批评之，这就是用"抓辫子""戴帽子""打棍子"的办法。用这种办法对待今人，必定造成冤、假、错案；用这种办法对待古人，必定写不出本来的历史。

哲学史是一种专门史。研究一个什么事物的历史，就是要研究这个事物的发展。发展必有其规律，不会杂乱无章；发展必有其线索，有个来龙去脉；发展必有一定的阶段，有一定的环节。发展中的事物不是孤立的，必然受到它周围事物的影响或制约，而又反过来影响或制约它周围的事物。这些都是研究那个什么事物的历史时必须弄明白的。研究哲学史也是如此。哲学在历史中表现为各种派别，这些派别表示哲学发展的线索、阶段或环节，而且和当时的政治、经济互相影响，互相制约。这种互相影响、互相制约，是哲学发展的本来历史的固有内容，写的哲学史要把它们都写出来，特别要说明这些派别在当时所起的作用，是推动还是阻碍历史前进。要说明这些问题，就得弄清楚这些问题；要弄清楚这些问题，就得学习和研究。这些问题弄清楚了，也就算是真正读懂了。下面再进一步就中国哲学史的特殊情况来说。

中国哲学史是"中国哲学"的历史。中国哲学就其内容说，和其他民族的哲学是一样的。如果不是如此，它就不能称为哲学。但就表现形式说，中国哲学就和其他民族的哲学，有所不同。其不同的原因可能很多，其中之一是语言文字方面的问题。

中国的语言，拿汉语来说，原有的词汇基本上是单音节的。汉语的文字一直到现在还是方块的汉字，其来源是象形文字。这都不利于用字尾的变化表示词性。例如一个名词，有其抽象的意义，也有其具体的意义。从逻辑方面说，其抽象的意义就是这个名词的内涵，其具体的意义就是这个名词的外延。专门表示内涵的名词称为抽象名词，专门表示外延的名词称为具体名词。这种词性的不同在西

我研究中国哲学史的一点经验

方文字中，可以用字尾变化表示出来，使人一望而知。汉字就没有这种方便。例如"马"这个名词，就其内涵说是指一切马所共同有的性质，就其外延说是指一切马。有时要明确地专指一切马所共同有的性质，在西方的语言文字中，可以把马的字尾稍加变化，使之成为一个抽象名词。在现代汉语中，我们可以于"马"字之后加上一个"性"字，以表示一切马所共同有的性质，称为"马性"。但是中国古代没有这个办法。因为没有这个办法，所以在语言文字中就有困难。战国时期，公孙龙作《白马论》，主张"白马非马"。当时以及后来许多人认为这是诡辩，因为在常识中，一般都说"白马是马"。其实"白马是马"和"白马非马"这两个命题都是真的，并没有冲突。"白马是马"是就马这个名词的外延说的，"白马非马"是就这个名词的内涵说的；"白马是马"的马字是就具体的马说的，"白马非马"的马字是就抽象的马说的，它说的是一切马所共同有的性质，是马性。如果在古代就有一种方法，在文字上表明马性与马的不同，那么《白马论》中的有些辩论本来是可以不说而自明的，"白马非马"这个命题的意义也是不难理解的。

在以前的中国哲学中，术语是比较少的，论证往往是不很详尽的，形式上的体系往往不具备。而且，以前的哲学家所用的是古汉语，即使是语录也记录的是古代的口语或方言，必须用现代汉语把它们翻译过来，才能为现代的人所理解。但是，有志于研究中国哲学史的人，就不能靠别人翻译过日子，所以语言文字的修养是必不可少的基本训练之一。

在清朝末年，中国人开始把中国哲学当作一门学问来研究，也就是中国人的精神生活开始重新反思的时候，人们就觉得中国哲学原有的术语很不够用。那时候，西方哲学还没有真正进入中国的思想界。人们开始在佛学中找术语用。佛学中的相宗是一种烦琐哲学，其中名词繁多。当时，就有一派人用佛学中的概念、名词，来解释、评论中国哲学。

可是那些概念、名词，有一部分是相宗那样的烦琐哲学的虚构，是如佛学所说的"龟毛兔角"之类。而且，佛学著作翻译过来的文字也还是古文，所以越说越糊涂。

中国哲学中一个名词往往有许多用法。例如"天"，可以指与"地"相对的"苍苍者"，也可以指"上帝"，也可以指"自然"。这就是术语缺乏的一种表现。一个名词的一个用法就指一个概念，用这个名词的人，究竟是想说什么概念呢？有些时候，可以从上下文一望而知，有些时候就不容易确定。

现在研究中国古代哲学史比较容易多了。有许多西方哲学中的术语可以用来分析、解释、翻译、评论中国古代哲学。但是，翻译必须确切，解释必须适当。这也是不容易的。

中国古代哲学喜欢"言简意赅""文约义丰"。周敦颐为他的"太极图"作了一个"说"，只有一百多字。张载说的"心统性情"，程颐说的"体用一源，显微无间"，都只是提出一个结论。可能程颐认为他的《周易传》就是他的结论的根据，但还不是直接的说明。这些结论显然都是长期理论思维的结果。研究哲学史的人必须把这种过程讲出来，把结论的前提补出来，但是这种"讲"和"补"当然不能太多。就是说，只能把中国古代哲学家要说而没有说的话替他说出来，不能把他并没有要说而在当时实际上不可能说的话也当作他要说的话说出来。既不太多，也不太少；太多了就夸张了古人的意思，太少了就没有把古人的意思说清楚，讲透彻。

中国古代哲学家们比较少作正式的哲学著述。从古代流传下来的哲学史材料，大多是为别的目的而写的东西，或者是别人记录的言论，可以说是东鳞西爪。因此就使人有一种印象，认为中国古代哲学家的思想没有系统。如果是就形式上的系统而言，这种情况是有的，也是相当普遍的。但是没有形式上的系统不等于没有实质上的系统。拿一部

《论语》来看，其中所记载的都是孔丘回答学生们的话。学生们东提一个问题，西提一个问题，其问并无联系。孔丘东答一个问题，西答一个问题，其答亦无联系。孔丘并没有和学生们就一个专门问题讨论开来，深入下去，也许有吧，不过没有这样的记载流传下来。就形式上看，一部《论语》是没有系统的。就实质上看，还是有系统的。研究中国哲学史，就要从过去哲学家没有形式上的系统的材料中，找出其实质上的系统来，用所能看到的一鳞半爪，恢复一条龙，要尽可能地符合这条龙的本来面目，不多不少。

总的说来，学习和研究中国哲学史要努力做到三点：

第一点，具体地弄清楚一个个哲学家的哲学体系。哲学中的主要问题是共同的，但每个哲学家对于这些问题的理解和解决，是不完全相同的。哲学家各有各自的思路，各有各自建立体系的过程。所以，他们的体系各有各自的特点。同是唯物论者，彼此不尽相同；同是唯心论者，彼此也不尽相同，正因为如此，所以各有各自的历史地位。这些弄清楚了，才能具体说明一个哲学家的体系，是一个有血有肉的活生生的体系。绝不可以把一个活生生的体系，分割开来，填入几个部门之中。那就像把一个活人大卸八块，然后缝合，缝合即使成功，做到"天衣无缝"，但是那个人已经死了，没有生命了。

第二点，必须具体地弄清楚，一个哲学家如果是对于某个问题，得出一个结论，他必然经过一段理论思维的过程。他可能没有把这段过程说出来。研究哲学史的人要尽可能把这段过程替他说出来，使学习哲学史的人可以得到理论思维的锻炼。

第三点，必须具体地弄清楚，哲学家所提供的世界观，使人们得到"受用"和教训。

以上三点，其实就是一回事。第一点做到了，第二点、第三点就自然有了。简单地说起来，学习、研究哲学史，对于一个哲学家，必须真正懂得：他想些什么，见些什么，说些什么；他是怎样想的，怎样

我研究中国哲学史的一点经验

说的；他为什么这样想，这样说。重要的是具体，因为历史的东西都是具体的东西。

这就叫作掌握了材料。在掌握材料的基础上，再寻找中国哲学史发展的线索和规律，对于哲学家的功过作适当的评论。上面的工作如果做得好，也许发展线索和规律就自然显现了，哲学家的功过也自然显现了。果能如此，中国哲学史的研究，就算是做到家了。

现在有些人说，资产阶级的史学方法是注重掌握材料的。其实，马克思主义的史学方法更是注重掌握材料的。毛泽东同志有句名言："没有调查就没有发言权。"调查不就是要掌握材料吗？问题倒在于，掌握材料的"掌握"里有个立场、观点问题。马克思主义的哲学史很着重从一个哲学体系的社会效果，来对于这个体系以及建立这个体系的哲学家进行评价。在进行评价的时候，评价者的立场、观点问题尤为突出。

解放以来，许多哲学史工作者都努力以马克思列宁主义、毛泽东思想为自己的工作指针，我也不例外。这种愿望，说起来容易，实际上做起来就困难多了。马克思主义的立场、观点和方法，是要在长期生活、工作和斗争中锻炼出来的，专靠读书是不能懂得的，更不用说掌握和运用了。就我个人的经历说，尽管解放以后真心实意地学习这种新的立场、观点，但是我的立场、观点究竟转变没有？转变得怎样？自己却难以作出判断。可是，我还在继续研究中国哲学史，对于中国历史上的哲学家必须作出评价，在这种评价中必须表明自己的立场和观点。既然难以判断自己的立场、观点如何，也就无法相信自己了，只有模仿别人，依傍别人了。所谓"别人"，先是苏联的权威，后来是党内的权威。

解放以后，提倡向苏联学习。我就向苏联"学术权威"学习，看他们是怎样研究西方哲学史的，然后在中国哲学史研究中进行类推和比附。学到的方法是，寻找一些马克思主义经典作家的有关论述，作为条条框框，生搬硬套。就这样对对付付，总算是

我研究中国哲学史的一点经验

写了一部分《中国哲学史新编》，出版到第二册，"文化大革命"开始了，我的工作也停顿了。

到了70年代初期，我又恢复工作。在这个时候，不学习苏联了。对于中国哲学史的有些问题，特别是人物评价问题，我就依傍"党内权威"的现成说法，或者据说是他们的说法。我的工作又走入歧途。

经过这两次折腾，我得到了一些教训，增长了一些知识，也可以说是在生活、工作、斗争中学了一点马克思主义的立场、观点和方法。路是要自己走的，道理是要自己认识的。学术上的结论必须是自己研究得来的。一个学术工作者写的应该就是他所想的，这在中国的传统中叫作"修辞立其诚"，也就是从肺腑中来，不是从什么地方抄来的，不是依傍什么样子摹画来的。在一次考试中间，一个学生可以照抄另外一个学生的卷子，在表面上看，两本卷子，完全一样。可是稍有经验的老师，一眼就能看出来，哪一本卷子是自己做的，哪一本是抄别人的。

汲取了过去的经验教训，我决定现在继续写《中国哲学史新编》的时候，只写我自己在现有的马克思主义水平上所见到的东西，直接写我在现有的马克思主义水平上对于中国哲学的理解和体会，不依傍别人。当然也有与别人相同的地方。但我是根据我自己所见到的，不是依傍，更不是照抄。运用马克思主义的立场、观点和方法，并不等于依傍马克思主义，更不是照抄马克思主义。我对于中国哲学的理解和体会可能是很肤浅的，甚至是错误的。但是一个人如果要做一点事，他只能在他现有的水平上做起。

――――――――――

1981年10月。

我研究中国哲学史的一点经验

　　"抗战"前的清华大学，附设了一所职工子弟学校名叫成志小学，小学又附设有幼稚园。宗璞（我们原为她取名钟璞，姓冯，那是当然的。现在知道宗璞的人多，吾从众）是那个幼稚园的毕业生。毕业时成志小学召开了一个家长会，最后是文艺表演。表演开始时，只见宗璞头戴花纸帽、手拿指挥棒，和好些小朋友一起走上台来。宗璞喊了一声口令，小朋友们整齐地站好队。宗璞的指挥棒一上一下，这个小乐队又奏又唱，表演了好几个曲调。当时台下掌声雷动，家长和来宾们都哈哈大笑。我和我的老伴也跟着哈哈大笑，心中却暗暗惊奇。因为我们还不知道，她是个小音乐家，至少也是个音乐爱好者吧。我们还没有看见她在家里练过什么乐器。那时家里也没有什么乐器。

到了解放以后，我们也没有看见她在家里写过什么文章，可是报刊上登出了她的作品，人们开始称她为作家。我的老伴对我说，女儿成为一个小作家，当父母的心里倒也觉得舒服。我却担心她聪明或者够用，学力恐怕不足。一个伟大的作家必须既有很高的聪明，又有过人的学力。杜甫说他自己"读书破万卷，下笔如有神"。上一句说的是他的学力，下一句说的是他的聪明，二者都有，才能写出他的惊人的诗篇。

"十年动乱"的前夕，曾为宗璞写过一首龚定庵《示儿诗》。诗句是这样的："虽然大器晚年成，卓荦全凭弱冠争。多识前言畜其德，莫抛心力贸才名。"我写这诗的用意，特别在最后一句。

人在名利途上要知足，在学问途上要知不足。

"无字天书"和"有字人书"

在学问途上，聪明有余的人，认为一切得来容易，易于满足于现状。靠学力的人则能知不足，不停留于现状。学力越高，越能知不足。知不足就要读书。

有两种书：一种是"无字天书"，一种是"有字人书"。

自然、社会、人生这三部大书是一切知识的根据，一切智慧的泉源。真是浩如烟海，无边无际。一个人如果能够读懂其中的三卷五卷或三页五页，就可以写出"光芒万丈长"的文章。古今中外的真正伟大的作家，都是能读懂一点这样的书的人。这三部大书虽然好，可惜它们都不是用文字写的，故可称为"无字天书"。除了凭借聪明，还要有至精至诚的心劲才能把"无字天书"酿造为文字，让我们肉眼凡胎的人多少也能阅读。

定庵所说的"前言"，指的是有字人书。读有字人书当然也非常重要，但作为从事文学创作的人，绝不可只以读有字人书为满足。而要别具慧眼，去读那"无字天书"。

我不曾写过小说。我想，创作一个文学作品，所需要的知识比写在纸上的要多得多。譬如说，反映"十年动乱"的作品，写在纸上的，可能只是十年中的一件事，但那一件事的确是"十年动乱"的反映。这就要求作者心中有一个"十年动乱"的全景，一个全部的"十年动乱"。佛学中有一句话："纳须弥于芥子。"好大的一座须弥山，要把它纳入一颗芥子，这是对于一篇短篇小说的要求。怎样纳法，那就要看小说家的能耐。但无论怎样，作者心中必先有一座须弥山。

我教了一辈子书，难免联想到本行。对于一个教师也有类似的要求。一个教师讲一本教科书，最好的教师对这门课的知识，定须比教科书多许多倍，才能讲得头头得道，津津有味，信手拈来，皆成妙趣。如果他的知识，只和教科书一样多。讲来就难免结结巴巴，吞吞吐吐，看起来好像是不能畅所欲言，实际上他是没有什么可以言。如果他的知道还少于教科书，他就只好照本宣科，在学生面前

"无字天书"和"有字人书"

唱催眠曲了。

要努力去读"无字天书"，也不可轻视"有字人书"，那里又酿进了写书人的心血。

宗璞出集子，要我写一篇序，我就拉杂为之。后来没有能用，恰好孙犁同志有评论文章，宗璞得以为序，我很为她高兴。

可惜的是，现在书已出来，她的母亲已不在人间，不能看见了。

朋友们以为我这几句话尚可发表，无以题名，姑名之为"佚序"。

1981年4月。

欲与好

凡人皆有欲。欲之中有系天然的，或曰本能的，与生俱来，自然而然，如所谓"饮食男女，人之大欲存焉"；此等欲即天然的欲也。欲之中又有系人为的，或曰习惯的，如吸烟饮酒，皆得自习惯；此等欲即人为的欲也。凡欲之发作，人必先觉有一种不快不安之感，此不快不安之感，唤起动作。此动作，若非有特别原因，必达其目的而后止，否则不能去不快之感而有快感。此动作之目的，即动作完成时之结果，即是所欲，即欲之对象也。当吾人觉不快而有活动时，对于所欲，非必常有意识，非必知其所欲。如婴儿觉不快而哭入母怀，得乳即不哭，食毕即笑。当其觉不快而哭时，对于其所欲之乳非必有意识也。所谓本能或冲动，皆系无意识的；皆求实现，而不知何为所实现者，亦不知有所实现者；皆系一种要求，而不知何为所要求者，亦不知有所要求者。若要求而含有知识分子，不但要求而且对于所要求者，有相当的知识，则此即所谓欲望。冲动与欲望，虽有此不同，而实为一类。今统而名之曰"欲"。人皆有欲，皆求满足其欲。种种活动，皆由此起。

近来国中颇有人说，情感是我们活动之原动力。然依现在心理学所说，情感乃本能发动时所附带之心理情形。"我们最好视情感为心理活动所附带之'调'（tone）而非心的历程（mental process）"（A. G.Tansley：TheNew Psychology）。情感与活动固有连带之关系，然情感之强弱，乃活动力之强弱之指数（index，同上），而非其原因也。

凡欲必有所欲，欲之对象，已如上述。此所欲即是所谓好；与好相反者，即所谓不好。所欲是活动之目的，所欲是好。柏拉图及亚力士多德皆以好是欲或爱之对象，能引起动而自身不动；活动即所以得可爱的好；"凡爱好者，皆欲得之"。此二大哲学家盖皆有见于人生而为此说，又即以之解释宇宙全体。以此解释宇宙全体，诚未见其对；若只以之说人生，则颇与吾人之意见相合也。

哲学家中，有谓好只是主观的者。依此所说，本来天然界中，本无所谓好与不好；但以人之有欲，诸事物之中，有为人所欲有者，有为人所欲去者；于是宇宙中即有所谓好与不好之区分，于是即有所谓价值。如生之与死，少之与老，本皆人身体变化之天然程序，但以人有好恶，故生及少为好，死及老为不好。又在中国言语中，人有所欲，即为有所好。此动词与名词或形容词之好为一字。人有所不欲，即为有所恶。此动词亦即与名词或形容词之恶为一字。如云："如恶恶臭，如好好色。"由此亦或可见中国人固早认（或者无意识的）好恶（名词或形容词）与好恶（动词）为有密切的关系矣。但哲学家中，亦有谓好为有客观的存在者。依此所说，好的事物中，必有特别的性质，为非好的事物所无有者；若非然者，此二者将无别矣。此特别的性质，即是好也。依吾人之见，好不好之有待于吾人之欲，正如冷热之有待于吾人之感觉。故谓其为主观的，亦未为错。但使吾人觉好之事物，诚必有其特别性质，正如使吾人觉热之物之必有其特别性质。此等特别性质，苟不遇人之欲及感觉，诚亦不可即谓之好或热，但一遇人之欲或感觉，则人必觉其为好或热。宇宙间可以无人，但如一有人，则必以此等性质为好或热。

故此等性质，至少亦可谓为可能的好或热也。若以此而谓好为有客观存在，吾人固承认之；若对于所谓好之客观的存在，尚有别种解释，则非吾人所能知矣。至于柏拉图所谓好之概念，则系一切好之共相，为思想之对象。当与别种概念，一例视之。

中和及通

　　自人的观点言之，吾人之经验，就其本身而言，皆不能谓为不真，盖吾人之经验，乃吾人一切知识之根据，除此之外，吾人更无从得知识也。譬如我现在广州，夜中梦在北平；此梦中所有之经验，与我醒时所有之经验，就其本身而言，固皆不能谓为不真。吾人所以知梦中之经验之非真者，非因其本身有何不可靠之处，乃因其与许多别的经验相矛盾也。如在北平之经验，与许多别的经验皆相合一致，而在广州之经验则否，则吾人必以我们现真在北平，而以在广州之经验为梦中所有者矣。故凡经验皆非不真，正如凡所欲皆非不好；其中所以有不真不好者，盖因其间有冲突也。经验与经验之间，欲与欲之间，有冲突之时，吾人果将以何者为真，何者为好耶？解答此问题，是吾人理性之职务也。

杜威先生谓吾人思想之历程，凡有五级：一曰感觉疑难，二曰指定问题，三曰拟设解答，四曰引申拟设解答之涵义，五曰实地证实。（见《思维术》第六章）

譬如一人戴红色眼镜而睡，及醒，忘其眼上有红色眼镜，但见满屋皆红，以为失火，急奔而出，则人皆安静如常，于是颇觉诧异；此即感觉疑难也。于是而问果否失火；若非失火，何遍处皆红？此即指定问题也。继悟或者自己戴有红色眼镜；此即拟设解答也。继思若外界之红果由于自己之眼镜，则除去眼镜，外界必可改观；此即引申解答涵义也。继用手摸，果有眼镜，除而去之，外界果然改观；此即实地证实也。在此简单事例中，此诸程序经过甚快，或为吾人所不注意，然实有此诸程序也。于是此人乃定以为其所以见遍处皆红者，乃由于戴红色眼镜也。依此说法，则前之矛盾的经验，乃皆得相当的解释而归于调和矣。凡疑难皆起于冲突，或经验与经验之冲突，或经验与已成立之道理之冲突，或欲与欲之冲突，或欲与环境之冲突。凡有冲突，必须解决；解决冲突者，理性之事也。理性之解决冲突，必立一说法或办法以调和之。理性调和于矛盾的经验（疑难问题）之间而立一说法（拟设解答）；以为依此说法，则诸矛盾的经验，当皆得相当解释（引申涵义）；试用之以解释，果能使昔之矛盾者，今皆不矛盾（实地实验），于是此说法即为真理，为"通义"。此真理之特点，即在其能得通。理性又调和于相矛盾的欲（疑难问题）之间，而立一办法（拟设解答）；以为依此办法，则诸相矛盾之欲，或其中之可能的最大多数，皆得满足（引申涵义）；推而行之，果如所期（实地实验）；于是此办法即为"通义"，为"达道"。此达道之特点，即在其能得和。戴东原云：

中和及通

"君子之教也，以天下之大共，正人之所自为。"

（《原善》卷上）

"人之所自为"，性也，欲也；"天下之大共"，和也。

故道德上之"和"，正如知识上之"通"。科学上一道理，若所能解释之经验愈多，则其是真（即真是天道之实然）之可能愈大；社会上政治上一种制度，若所能满足之欲愈多，则其是好（即真是人道之当然）之可能亦愈大。譬如现在我们皆承认地是圆而否认地是方。所以者何？正因有许多地圆说所能解释之经验，地方说不能解释；而地方说所能解释之经验，地圆说无不能解释者。地圆说是真之可能较大，正因其所得之"通"较大。又譬如现在我们皆以社会主义的社会制度，比资本主义的社会制度为较优。所以者何？正因有许多社会主义的社会制度所能满足之欲，资本主义的社会制度不能满足，而资本主义的社会制度所能满足之欲，社会主义的社会制度多能满足。社会主义的社会制度较优，正因其所得之"和"较大。故一学说或一制度之是真或好之可能之大小，全视其所得之和或通之大小而定。自人的观点言之，此判定学说制度之真伪好坏之具体的标准也。

故吾人满足一欲，必适可而止，止于相当程度；过此程度，则与他欲或他人之欲相冲突，而有害于和。此相当程度，即所谓"中"。依上所说，凡欲皆本来应使其极端满足，但因诸欲互相冲突之故，不能不予以相当的制裁。此制裁必须为必要的；若非必要，则徒妨碍吾人之得好而为恶矣。合乎中之制裁，即必要的制裁也。吾人之满足欲，若超乎此必要的制裁，则为太过。若于必要的制裁之外，更抑制欲，则即为不及。不过此所谓中之果为何，自人的观点言之，仍不易知，仍有待于理性之发现。

1923年冬《一种人生观》。

论风流

风流是一种所谓人格美。凡美都含有主观的成分。这就是说，美含有人的赏识，正如颜色含有人的感觉。离开人的赏识，不能有美，正如离开人的感觉，不能有颜色，此所谓不能，也不是事实的不能，而是理的不能。人所不能赏识的美是一个自相矛盾的名词。人所不能感觉的颜色，亦是一个自相矛盾的名词。

说一性质有主观的成分，并不是说它没有一定的标准。可以随人的意见而变动。例如说方之性质，没有主观的成分。红之性质有主观的成分，但什么是方有一定的标准，什么是红也有一定的标准。血是红的，不是色盲的人，看见血都说是红。美也是如此，美虽有主观成分，但是美也有一定的标准。如其不然，则即不能有所谓美人，亦不能有艺术作品。不过我们也承认，也许有一小部分人本来没有审美的能力。对于这些人，没有美。正如有一小部分人本来没有分别某种颜色的能力。对于这些人就没有某种颜色。这些人我们名之为色盲。有色盲，也有美盲。

　　不过没有主观成分的性质的内容，是可以言语传达的。有主观成分的性质的内容，是不可以言语传达的。我可以言语告诉人是什么是真，什么是善，但不能告诉人什么是美。我可以说，一个命题与事实相合，即是真。一个行为于社会有利即是善。但我不能说，一个事物有什么性质是美。或者我们可以说，凡能使人有某种快感的性质是美。但是那一种快感是什么，亦是不能说的。我只能指着一个美的事物，说这就是美。但如我所告诉的人，是个美盲，我没有方法去叫他知道什么是美。此正如我可以言语告诉人什么是方，但不能告诉人什么是红。我只能指着一个红的东西说，这就是红。但如果我所告诉的人，是个色盲，我没有方法去叫他知道什么是红。

美学所讲的是构成美的一部分的条件。但是对于美盲的人，美学也是白讲。因为他即研究美学，他还不能知什么是美。正如色盲的人，即研究了物理学，知道某种长度的光波是构成红的条件，但他还不知什么是红。

风流是一种美，所以什么是可以称为风流的性质的内容，也是不能用言语传达的。我们可以讲的，也只是构成风流的一部分的条件。已经知道什么是风流的人，经此一讲，或者可以对于风流之美，有更清楚的认识。不知道什么是风流的人，经此一讲，或者心中更加糊涂，也未可知。

先要说的是，普通以为风流必与男女有关，尤其是必与男女间随便的关系有关，这以为是错误的。我们以下"论风流"所举的例，大都取自《世说新语》。这部书可以说是中国的风流宝鉴，但其中很少说到男女关系。当然说男女有关的事是风流，也是风流这个名词的一种用法。但我们现在所论的风流，不是这个名词的这一种用法的所谓风流。

《世说新语》常说名士风流。我们可以说，风流是名士的主要表现。是名士，必风流。所谓"是真名士自风流"。不过冒充名士的人，无时无地无之，在晋朝也是不少。《世说新语》说："王孝伯言：'名士不必须奇才，但使常得无事，痛饮酒，熟读《离骚》，便可称名士。'"（《任诞》）

这话是对于当时的假名士说的。假名士只求常得无事，只能痛饮酒，熟读《离骚》。他的风流，也只是假风流。嵇康、阮籍等真名士的真风流若分析其构成的条件，不是若此简单。我们于以下就四点说真风流的构成条件。

就第一点说，真名士，真风流的人，必有玄心。《世说新语》云："阮浑长成，风气韵度似父，亦欲作达。步兵曰：'仲容已预之，卿不得复尔。'"（《任诞》）刘孝标注云："《竹林七贤论》曰：籍之抑浑，盖以浑未识己之所以为达也。"

"是时竹林诸贤之风虽高，而礼教尚峻。迨元康中，遂至放荡越礼。乐广讥之曰：'名教中自有乐地，何至于此？'乐令之言，有旨哉。谓彼非有玄心，徒利其纵恣而已。"

"作达"大概是当时的一个通行名词。达而要作，便不是真达。真风流的人必是真达人。作达的人必不是真风流的人，真风流的人有其所以为达。其所以为达就是其有玄心，玄心可以说是超越感。

晋人常说超越，《世说新语》说："郭景纯诗云：林无静树，川无停流。阮孚云：泓峥萧瑟，实不可言。每读此文，辄觉神超形越。"（《文学》）

超越是超过自我。超过自我，则可以无我。真风流的人必须无我。无我则个人的祸福成败，以及死生，都不足以介其意。《世说新语》说："郗太傅在京口，遣门生与王丞相书，求女婿。丞相语郗信：'君往东厢，任意选之。'门生归，白郗曰：'王家诸郎，亦皆可嘉，闻来觅婿，咸自矜持。唯有一郎，在东床上坦腹卧，如不闻。'郗公云：'正此好！'访之，乃是逸少。因嫁女与焉。"（《雅量》）

又说："庾小征西（翼）尝出未还。妇母阮，是刘万安妻，与女上安陵城楼上。俄顷，翼归，策良马，盛舆卫。阮语女：'闻庾郎能骑，我何由得见？'妇告翼，翼便于道开卤簿盘马，始两转，坠马堕地，意色自若。"（《雅量》）

王羲之闻贵府择婿而如不闻。庾翼于广众中，在妻及岳母前，表演马术坠马。而意色自若，这都是能不以成败祸福介其意。不过王羲之及庾翼所遇见的，还可以说是小事。谢安遇见大事，亦是如此。

《世说新语》说："谢公与人围棋。俄而谢玄淮上信至。看书竟，默然无言，徐向局。客问淮上利害，答曰：'小儿辈大破贼。'意色举止，不异于常。"（《雅量》）

能如此，正是所谓达，不过如此的达，并不是可以"作"的。

论风流

就第二点说，真风流的人，必须有洞见。所谓洞见，就是不借推理，专凭直觉，而得来的对于真理的知识。洞见亦简称为"见"。"见"不是凭借推理得来的，所以表示"见"的言语，亦不须长篇大论，只需几句话或几个字表示之。此几句话或几个字即所谓名言隽语。名言隽语，是风流的人的言语。《世说新语》说："阮宣子（修）有令闻，太尉王夷甫见而问曰：'老庄与圣教同异？'对曰：'将无同。'太尉善其言，辟之为掾。世谓'三语掾'。"（《文学》）

《世说新语》亦常说晋人的清谈，有长至数百言数千言，乃至万余言者。例如："支道林、许、谢盛德共集王家，谢顾谓诸人：'今日可谓彦会。时既不可留，此集固亦难常，当共言咏，以写其怀。'许便问主人：'有《庄子》不？'正得《渔父》一篇。谢看题，便各使四坐通。支道林先通，作七百许语，叙致精丽，才藻奇拔，众咸称善。于是四坐各言怀毕，谢问曰：'卿等尽不？'皆曰：'今日之言，少不

自竭。'谢后粗难，因自叙其意，作万余语，才峰秀逸，既自难干。加意气拟托，萧然自得，四坐莫不厌心。"（《文学》）

支道林、谢安等的长篇大论，今既不传，是不惋惜的。但何以不传？大概因为长篇大论，不如名言隽语之为当时人所重视。《世说新语》谓："客问乐令'旨不至'者，乐亦不复剖析文句，直以麈尾柄确几曰：'至不？'客曰：'至。'乐因又举麈尾曰：'若至者，那得去？'于是客乃悟服。乐辞约而旨达，皆此类。"（《文学》）

又说张凭见刘真长。"顷之，长史诸贤来清言，客主有不通处，张乃遥于末坐判之，言约旨远，足畅彼我之怀。"（《文学》）

"言约旨远"，或"辞约而旨达"，是当时人所注重的。真风流的人的言语，要"不著一字，尽得风流"。真风流的人谈话，要"谈言微中"，"相视而笑，莫逆于心"。若须长篇大论，以说一意，虽"文藻奇拔"，但不十分合乎风流的标准，所以

论风流

不如"言约旨远"的话之为人所重视。

就三点说，真风流的人，必须有妙赏，所谓妙赏，就是对于美的深切的感觉。《世说新语》中的名士，有些行为，初看似乎是很奇怪，但从妙赏的观点，这些行为，亦是可以了解的。如《世说新语》说："王子猷（徽之）出都，尚在渚下。旧闻桓子野善吹笛，而不相识。遇桓于岸上过，王在船中，客有识之者，云是桓子野，王便令人与相闻，云：'闻君善吹笛，试为我一奏。'桓时已贵显，素闻王名，即便回下车，踞胡床，为作三调。弄毕，便上车去。客主不交一言。"（《任诞》）

王徽之与桓伊都可以说是为艺术而艺术。他们的目的都在于艺术，并不在于人。为艺术的目的既已达到，所以两个人亦无须交言。

《世说新语》又说："钟士季精有才理，先不识嵇康，钟要于时贤俊之士，俱往寻康。康方大树下锻，向子期为佐鼓排。康扬槌不辍，旁若无人，移时不交一言。钟起去，康曰：'何所闻而来？何所见

而去？’钟曰：‘闻所闻而来。见所见而去。’”（《简傲》）

晋人本都是以风神气度相尚。钟会、嵇康既已相见，如奇松遇见怪石，你不能希望奇松怪石会相说话。钟会见所见而去，他已竟见其所见，也就是此行不虚了。刘孝标注引《魏氏春秋》说：钟会因嵇康不为礼，"深衔之，后因吕安事，而遂谮康焉"。如果如此，钟会真是够不上风流。

《世说新语》说："阮公邻家妇有美色，当垆酤酒。阮与王安丰常从妇饮酒，阮醉，便眠其妇侧。夫始殊疑之，伺察，终无他意。"（《任诞》）

又说："山公与嵇、阮一面，契若金兰。山妻韩氏觉公与二人异于常交，问公，公曰：‘我当年可以为友者，唯此二生耳。’妻曰：‘负羁之妻亦亲观狐、赵，意欲窥之，可乎？’他日，二人来，妻劝公止之宿，具酒肉。夜穿墉以窥之，达旦忘反。公入曰：‘二人如何？’妻曰：‘君才致殊不如，正当以识度相友耳。’公曰：‘伊辈亦常以我度为

胜。'"（《贤媛》）

阮籍与韩氏的行为，与所谓好色而不淫又是不同。因为好色尚包含有男女关系的意识，而阮籍与韩氏直是专从审美的眼光以看邻妇及嵇、阮。所以他们虽处嫌疑，而能使邻妇之夫及山涛，不疑其有他。

《世说新语》又云："谢太傅问诸子侄：'子弟亦何预人事，而正欲使其佳？'诸人莫有言者，车骑（谢玄）答曰：'譬如芝兰玉树，欲使其生于阶庭耳。'"（《言语》）

子弟欲其佳，并不是欲望其能使家门富贵，只是如芝兰玉树，人自愿其生于阶庭。此亦是专从审美的眼光，以看佳子弟。

《世说新语》又说："支道林常养数匹马。或言道人畜马不韵。支曰：'贫道重其神骏。'"（《言语》）

他养马并不一定是要骑。他只是从审美的眼光，爱其神骏。

就第四点说，真风流的人，必有深情。《世说

新语》说："卫洗马初欲渡江，形神惨顇，语左右云：'见此芒芒，不觉百端交集。苟未免有情，亦复谁能遣此！'"（《言语》）

又说："桓公北征，经金城，见前为琅邪时种柳，皆已十围，慨然曰：'木犹如此，人何以堪！'攀枝执条，泫然流泪。"（《言语》）

又说："王长史登茅山，大恸哭曰：'琅邪王伯舆，终当为情死。'"（《任诞》）

桓温说："木犹如此，人何以堪。"八个字表示出人对于人生无常的情感。后来庾信《枯树赋》云："桓大司马闻而叹曰：'昔年种柳，依依汉南。今看摇落，悽怆江潭。树犹如此，人何以堪！"虽有二十四个字，但是主要的还只是"树犹如此，人何以堪"八个字。

桓温看见他所栽的树，有对于人生无常的情感，卫玠看见长江，"见此芒芒，不觉百端交集"。他大概也是有对于无常的情感，不过他所感到的无常，不是人生的无常，而是一切事物的无常。后来陈子昂

论风流

《登幽州台》诗："前不见古人，后不见来者。念天地之悠悠，独怆然而涕下。"这都是所谓"一往情深"，"一往情深"也是《世说新语》中的话。

《世说新语》谓："桓子野每闻清歌，辄唤'奈何'。谢公闻之，曰：'子野可谓一往有深情。'"桓子野唤奈何，因为有一种情感，叫他受不了。这就是王廞所以痛哭的原因。他将终为情死，就是他也是受不了。这是对于人生有情的情感。

真正风流的人有深情。但因其亦有玄心，能超越自我，所以他虽有情而无我。所以其情都是对于宇宙人生的情感，不是为他自己叹老嗟卑。桓温说："树犹如此，人何以堪？"他是说"人何以堪"，不是说"我何以堪"？假使他说"树犹如此，我何以堪"，他的话的意义风味就大减，而他也就不够风流。王廞说，王伯舆终当为情死？他说到他自己，但是他此说与桓温、卫玠的话，层次不同。桓温、卫玠是说他们自己对于宇宙人生的情感。王廞是说他自己对于情感的情感。他所有的情感，也许是对于宇宙人生的情感。所以他说到对于情感的情感时，虽说到他自己，而其话的意义风味，并不减少。

真正风流的人，有情而无我，他的情与万物的情有一种共鸣。他对于万物，都有一种深厚的同情。《世说新语》说："简文入华林园，顾谓左右曰：'会心处不必在远。翳然林木，便自有濠濮间想也，觉鸟兽禽鱼自来亲人。'"（《言语》）

又说："支公好鹤，住剡东岇山。有人遗其双鹤，少时翅长欲飞，支意惜之，乃铩其翮。鹤轩翥不复能飞，乃反顾翅垂头，视之如有懊丧意。林曰：'既有凌霄之姿，何肯为人作耳目近玩？'养令翮成，置使飞去。"（《言语》）

又说："王子敬（献之）云：'从山阴道上行，山川自相映发，使人应接不暇。若秋冬之际，尤难为怀。'"（《言语》）

这都是以他自己的情感，推到万物，而又于万物中，见到他自己的怀抱。支道林自己是有凌霄之姿，不肯为人作耳目近玩。他以此情感推之鹤，而又于鹤见到他自己的怀抱。这些意思是艺术的精义，若简文帝只见"翳然林木"，不觉"鸟兽禽鱼，自来亲人"，王子敬只见"山川映发"，不觉"秋冬之际尤难为怀"。他们所见的只是客观的世界。照《世说新语》所说，他们见到客观的世界，而又有甚深的感触。在此感触中，主观、客观，融成一片。表示这种感触，是艺术的极峰。诗中的名句，如"池塘生春草，园柳变鸣禽"，"春草无人随意绿"，"空梁落燕泥"，皆不说情感而其中自有情感。

主要的情感是哀乐。在以上所举的例中，所说大都是哀的情感。但是有玄心的人，若再有进一步的超越，他也就没有哀了，一个人若拘于"我"的观点，他个人的祸福成败，能使他有哀乐。超越自我的人，站在一较高的观点，以看"我"，则个人的祸福成败，不能使他有哀乐。但人生的及事物的无常，使他有更深切的哀。但若从一更高的观点，从天或道的观点，以看人生事物，则对于人生事物的无常，也就没有哀了。没有哀乐，谓之忘情。《世说新语》说："王戎丧儿万子，山简往省之，王悲不自胜。简曰：'孩抱中物，何至于此？'王曰：'圣人忘情，最下不及情。情之所钟，正在我辈。'简服其言，更为之恸。"（《伤逝》）

能忘情与不能忘情，是晋人所常说的一个分别。《世说新语》云："张玄之、顾敷是顾和中外孙，皆少而聪惠，和并知之，而常谓顾胜，亲重偏至，张颇不恢。于时，张年九岁，顾年七岁。和与俱至寺中，见佛般泥洹像，弟子有泣者，有不泣者。和以问二孙。玄谓：'被亲故泣，不被亲故不泣。'敷曰：'不然。当由忘情故不泣，不能忘情故泣。'"（《言语》）

能忘情比不能忘情高，这也是晋人所都承认的。

忘情则无哀乐，无哀乐便另有一种乐。此乐不是与哀相对的，而是超乎哀乐的乐。陶潜有这种乐，他的诗："结庐在人境，而无车马喧。问君何能尔？心远地自偏。采菊东篱下，悠然见南山。山气日

论风流

夕佳，飞鸟相与还。此中有真意，欲辨已忘言。"这诗所表示的乐，是超乎哀乐的乐。这首诗表示最高的玄心，亦表现最大的风流。

在东晋名士中渊明的境界最高，但他并不狂肆。他并不"作达"。《世说新语》云："王平子（澄）、胡毋彦国（辅之）诸人，皆以任放为达，或有裸体者。乐广笑曰：'名教中自有乐地，何必乃尔也？'"（《德行》）

渊明并不任放，他已于名教中得到乐地了。

宋儒亦是于名教中求乐地。他们教人求孔颜乐处，所乐何事。《论语》里曾皙言志："莫春者，春服既成。冠者五六人，童子六七人，浴乎沂，风乎舞雩，咏而归。""夫子喟然叹曰：'吾与点也。'"宋儒说曾子"即其所居之位，乐其日用之常……而其胸次悠然，直与天地万物上下同流，各得其所之妙……故夫子叹息而深许之"（朱子注）。不管曾皙的原意如何，照宋儒所讲，这确是一种最高的乐处，亦是最大的风流。

邵康节当时人称为"风流人豪"。他住在他的"安乐窝"里，有一种乐。但是程明道的境界，似乎更在康节之上，其风流亦更高于康节。程明道诗云："云淡风轻近午天，傍花随柳过前川。时人不识予心乐，将谓偷闲学少年。"

　　又说："闲来无事不从容，睡觉东窗日已红。万物静观皆自得，四时佳兴与人同。道通天地有形外，思入风云变态中。富贵不淫贫贱乐，男儿到此是豪雄。"这种豪雄，真可说是"风流人豪"。

　　康节诗云："尽快意时仍起舞，到忘言处只讴歌。宾朋莫怪无拘检，真乐攻心不奈何。"（《击壤集》卷八）

　　"花谢花开诗屡作，春归春至酒频斟。情多不是强年少，和气冲心何可任。"（《击壤集》卷十）

　　攻心而使之无可奈何的乐，大概是与哀相对的乐。与哀相对的不是真乐，康节有点故意表示其乐，这就不够风流。

论信念

在逻辑里，我们讲所谓"必要条件"与"充足条件"的分别。一个人得了伤寒病，他即发热。得伤寒病即足可以叫他发热，但他如不得伤寒病，他不一定不发热。他虽不得伤寒病而得了疟疾、重伤风等，他照样要发热。得伤寒病是他发热的充足条件。一件事情的充足条件，对于一件事情，用中国古名学的话说，是"有之必然，无之不必不然"。

一个人必须吃东西，他才可以生存。但仅只吃东西他还不能生存。譬如一人能吃东西而不能睡觉，他还是非死不可。吃东西对于一件事情，用中国古名学的话说，是"有之不必然，无之必不然"。

社会上的事情都是很复杂的。一件事情的成功，需要许多必要的条件。这许多条件中的每一件，对于这一件事情的成功，都可以只是必要的而不是充足的。有了这一件条件，这一件事情，不一定能成功，但是没有这一件条件，这一件事情一定不能成功。

不分清楚，或分不清楚以上所说的分别，往往有许多不必要的争执。有许多人以为一件事情成功的必要条件，亦必须是他的充足条件，如其不然，他们即以为这条件亦不是必要的。我们常听说"教育救国""科学救国"，以及许多类乎此的口号。就这些口号的本身说，是没有什么不对。不过我们要注意的，即是教育、科学等等对于救国，都是必要的条件而不是充足的条件。没有这些东西，国必不救，但专靠这些东西中的任何一个，国不必救。喊这些口号的人，对于这一点，不见得都清楚，而听这些口号的人，对于这一点，更见得糊涂。

论信念

一个办教育的人，或提倡科学的人，谈起教育或科学的重要来，好像是专靠他那一行，即可救国。而社会上常有些人说，中国办新教育数十年，而现在国家还是这个样子，教育必有毛病。我们不敢说中国现在的教育没有毛病。不过这些人的说法，不能证明中国现在的教育必有毛病。因一个国家没有好的教育，固然是不得救，但只有好教育，一个国家不一定得救。我们可因一个国家没有好教育而断其必不得救，但不能因一个国家不得救而断其必没有好教育。

信念对于人的有些行为的成功，亦是必要的条件，虽不是充足的条件。譬如有两个人，一个人相信明天下雨，一个人相信明天不下雨，明天究竟下雨或不下雨，他们的信念，不能有什么影响，因为下雨不下雨是自然界的事情，并不是人的行为。若这两个人之中，一个人相信他自己能跳过一个三尺宽的沟，一个人不相信他自己能，或相信他自己不能，在实际跳的时候，第一个人可以跳过去的成分，要比第二个人大得多。

我们现在抗战建国的工作，是中国四千年来一件最大的事，亦是一件最复杂的事，其成功所需要的条件，真是千头万绪。这些千头万绪的条件，可以都是必要的，而没有一条件是充足的。在这些许多必要而不充足的条件中，有一个条件即是：我们必须有"抗战必胜，建国必成"的信念。

这个信念对于抗战建国是必要的条件，而不是充足的条件。何以是必要的？因为打仗是需要顶大的牺牲的。一个光明的将来可以使大多数的人于困苦中得安慰，于牺牲中得勇气。这些安慰勇气，都是继续抗战所必需的。但将来的事情如何，是不可以用理论证明的。我们固然不能确切地用理论证明中国抗战必胜、建国必成，我们亦不能确切地用理论证明明天不是地球末日。在这些地方，我们所靠的是信念。有些人觉得必须用理论证明中国抗战必胜、建国必成，像算学一样的精确，他才可以不悲观。他不知将来的事都是不能确切地用理论证明

论信念

的。关于社会方面将来的事，更不能确切地用理论证明。而社会方面将来的最大最复杂的事，尤不能确切地用理论证明。

我们对于抗战必胜、建国必成，须有信念，而这种信念，即是抗战胜利及建国成功的一个必要的条件。但这并不是说，只要我们有这个信念，我们即可坐而达到我们的希望。我们要知道这件顶大顶复杂的事的成功，需要许多条件，这个信念不过是其中之一而已。没有它固必不行，但有了它亦不必行。我们还须努力使别的条件也都实现，许多条件合起来，才能充足地使抗战必胜、建国必成。

从另一方面看，所谓败北主义虽不是失败的必要条件，却是失败的充足条件。若我们对于抗战建国的前途，不信其能成功，而信其必失败，则我们即是败北主义者。这亦是信念，因为此所说失败亦是将来的事，亦是不能用确切的理论证明的。抗战建国本是我们的事，其成功本靠我们的努力，我们多努力一分，它的成功的成分，即大一分。若我们预先相信我们不能成功，则我们的努力自然差了，我们更可以想，努力亦是白费，因此即不努力了。如此，当然必定失败。固然不持败北主义者，亦不一定不失败，所以败北主义，不是失败的必要条件。但如上面所说，专是败北主义即可致失败，所以败北主义是失败的充足条件。

我们可以说，我们若相信，我们必胜，我们固不必胜，但我们若相信我们必败，则我们当然一定败。我们若相信我们必胜，我们虽不必胜，但已距胜近了一点，因为我们已经实现了胜的一个必要条件。《益世报》的创办人雷鸣远神父说，有些外国人问他，你相信中国能胜吗？雷神父回答："我敢打赌，中国若不胜，把我的头砍了。"若个个中国人都有雷神父的这个信念，中国的胜利，已有几分把握。

———————————

1940年4月。

论信念

论『唯

　　记得在民国十四五年的时候，北平有一家报馆征求三部"青年必读书"，有一位先生开了三部书，第一部是几何，第二部是几何，第三部还是几何。假如现在有人叫我开三部书，作为"青年必读书"，我一定开：第一部是逻辑，第二部是逻辑，第三部还是逻辑。

　　截至现在止，连这一篇星期论文包括在内，我给报馆写过三篇星期论文，第一篇是我在北平给《申报》写的，在那一篇里我讲逻辑。第二篇是我在昆明给《益世报》写的，在那一篇里我讲逻辑。

第三篇即是这一篇，在这一篇里，我还是讲逻辑。

在这三篇里，我所讲的，都是关于一件事情的充足条件及必要条件的分别。吃饭是人的生存的必要条件，但不是其充足条件。人不吃饭必不能生存，但人仅吃饭不一定能生存。得伤寒病是人的发烧的充足条件，但不是其必要条件。人得伤寒病一定发烧，但不得伤寒病不一定不发烧。一件事情的必要条件，对于一件事情，是"有之不必然，无之必不然"。一件事情的充足条件，对于一件事情是"有之必然，无之不必不然"。一件事情的必要且充足的条件，对于一件事情是"有之必然，无之必不然"。

明白了这些分别以后，我们可以知道，所谓唯什么论之"唯"，是个很危险的字，至少亦是个很容易引起误会的字。

我们常听见有许多唯什么论。例如唯心论、唯物论、唯武器论、唯组织论等等。"唯什么"有排除什么以外的一切的意义。例如说："唯你是问"，

论"唯"

即是说：只问你，别人都不问。所以一说到唯什么论，一般人立时可以想到许多的事件。例如一说到某人是一个唯物论者，有些人立时想到，此人一定是吃喝嫖赌，无所不为，不讲道德，不要艺术。一说到某人是一个唯心论者，有些人立时想到，此人一定是面黄肌瘦，不食人间烟火。这些当然都是误想，不过这些误想都是那个"唯"字所引起的。说到心物，牵涉到专门哲学问题，我们现在不论。我们于此点只说：所谓唯心唯物的那个"唯"字，是要不得的，一个大哲学家的思想，或一个大的哲学派别，都不是一个"唯"字可以把它唯住的。

唯武器论或唯组织论都是近来新兴的名词。自"九一八"以来，有一派人以为中国不可以与日本打仗，因为中国的武器是劣势，日本的武器是优势。这固然是事实。但是有优势武器对于能打胜仗是必要的条件呢，是充足的条件呢，或是必要且充足的条件呢？这一派人没说清楚，在这一派人中间，有许多或者也没有想清楚。于是反对这一派人的人遂称这一派人为唯武器论者。说他们是唯武器论者，即是说：他们必以有优势武器是能打胜仗的必要且充足的条件，有了优势武器必能打胜仗，没有优势武器，必不能打胜仗。一个"唯"字，即决定打仗的胜负，全靠武器。反对这一派人的人，当然可以找出许多事实，作许多辩论，来证明唯武器论的错误，不过这些辩论有些是不相干的。因为有些重视武器者，不过说有优势武器是能打胜仗的必要条件，他们固然是武器论者，但不必是唯武器论者。

另外一派人主张，中国可以与日本打仗。他们以为中国人多，若把中国民众组织起来，可以是很大的力量。这固然亦是事实。但组织民众对于能打胜仗，是必要条件呢，是充足条件呢，或是必要且充足的条件呢？这一派人亦没有说清楚，其中有些人或者也没有想清楚。于是反对这一派人的人遂称此一派人为唯组织论者。说他们是唯组织论者，即说他们必以组织民众为能打胜仗的必要且充足的

论"唯"

条件。一个"唯"字，即决定打仗的胜负，全靠组织。反对这一派人的人，当然亦可找出许多事实，说许多辩论，证明唯组织论的错误。但这些辩论，亦有许多是不相干的，因为有许多重视组织民众者，亦只是组织论者而不是唯组织论者。

武器论与组织论可以并行不悖，但唯武器论与唯组织论，则因一个"唯"字的关系，必至互相排斥。不过事实上恐怕没有人真正主张唯武器论或唯组织论。如有人真正主张唯武器论，他必须主张枪炮可以无人开放而自会射击，飞机可以无人驾驶而自会掷弹。如有人真正主张唯组织论，他必须有义和拳的信仰或迷信，以为全靠血肉之躯，可以抵住枪炮。事实上现在没有人有此主张，没有人有此信仰或迷信。唯武器论或唯组织论，大概都是一派人的反对派替他们所加上的尊号，以期使社会不信他们的说法。因为不拘什么论，若加上一个"唯"字，大概都很容易成为错误。

自以为主张唯什么论者，其论大概都不容易维持。不问别人是否主张唯什么论而硬加之以唯什么论之名者，不是思想不清，即是有意加人以罪而后从而刑之。于此可见，唯什么论之"唯"字，是要不得的。

———————————————

1959年1月。

论"唯"

论主客

我们若打算对于某种事物作一种研究，我们的观点，必须是站在某种事物之外的。我们必须站在某种事物之外，以观察某种事物，以研究某种事物，所以我们说，某种事物是我们观察的"对象"，研究的"对象"。关于自然方面的学问，每一种只讲自然界的一部分。所以，人虽亦是自然界中的事物，但于讲自然界的一部分的时候，这一部分里并没有他自己。例如人讲矿物学时，他只讲关于矿物的事情，矿物中并没有他自己。在这些情形中，他研究矿物学时，他的观点是站在矿物之外，这是显而易见的。一个哲学家，讲宇宙的时候，他亦不能不假设他暂时站在宇宙之外。无论在逻辑上或事实上，无论什么事物都不能跑到宇宙之外，不过一个哲学家若不假设他暂时站在宇宙之外，他即不能讲宇宙。

哲学家如对于历史或人生作一种研究，而对之有所言说时，他的观点亦是站在历史或人生之外的。事实上他虽不能站在人生之外，或亦不能站在历史之外，但他如对于历史或人生作一种研究，他必须暂时假定他自己是站在历史或人生之外。

矿物学家在研究矿物时，所发现的道理，可应用于矿物上。哲学家研究宇宙时所发现的道理，大概都与应用无关；但哲学家研究历史或人生所发现的道理，则可应用于人事上。矿物学家所讲关于矿物的道理，可应用于矿物，但应用这些道理者，并不是矿物。哲学家所讲关于历史或人生的道理，可应用于人事上，而应用这些道理者，却正是人。研究历史或人生的哲学家站在历史或人生之外，以说他所发现的道理，但应用这些道理的人却不是站在

论主客

历史或人生之外的。这一点的区别，在有些时候，固没有实际上的影响，但有些时候，在实际上是很可以有影响的。

研究历史或人生的人，以他自己为主，而以整个的历史或人生为客。但在历史，或人生中的人，则不能以整个的历史或人生为客，因为他自己亦在这客中。若说他亦是主，他是这客中的主。以客中的主，应用客外的主所发现的道理，他必须知道，在有些时候，客外主的观点，与客内主的观点，是不同的。

孟子说："天下之生久矣，一治一乱。"《三国演义》说："话说天下大势，分久必合，合久必分。"这些话都可以说是一种关于历史的道理，亦可说是一种历史哲学。我们现在并不要讨论这些话究竟对不对。我们现在所要说者，即这些话，都是站在历史之外说的。专就这些话的表面看，似乎说这些话的人，以为历史的这种演变，是"势所必至，理有固然"，人力都是无用的。其实他们并不一定如此，他们是以自己为主，而以整个的历史为客。他们并不以为人力为无用，不过对于他们，人力亦包在客中。如果"分久必合，合久必分"，或"治久必乱，乱久必治"是"势所必至"，这个势里面包括有致分或致合、致治或致乱的整个的人力。

他们可以如是说或如是想，因为他们的资格是客外主。客外主置身事外，以隔岸观火的态度，可以如是说，如是想。客中主于应用他们这种说法或想法的时候，须要注意这一点。客中主是事中的人，他即在火中，他如亦说，或亦想，若何必若何，而因此以为他不必用力，或不必努力，则这个必即不"必"了。因为客外主所说的，必包括有客中主的努力在内也。我们常说："袖手旁观。"旁观者可以袖手，而当局者则不能袖手也。

"天下兴亡，匹夫有责"，范仲淹作秀才时，即以天下为己任。就"天下"的兴亡治乱说，这是客中主应取的态度，应有的抱负。若客中主都没有这一种态度、抱负，则一乱恐怕即不能复治了。客外主固然可以说如果乱极了，人人都"不聊生"，则他们自然都要"起来"。他们都要"起来",天下自然即治了。我们说,客外主所谓"势所必至"的"势"及"必"包括整个的人力,正是谓此。不过客中主如亦都是这样想,都以为别人"必"都"起来",我一个人"起来"不"起来"没有关系,则所谓"势所必至"的势,亦即没有了,而其"必"亦即不必了。

老子说:"强梁者不得其死。"强梁者"不管三七二十一",横冲直撞。愈撞愈多,他碰钉子的机会愈多,所以强梁者没有好结果。谚语说:"跳得高,跌得重。"亦是谓此。不过这亦是客外主的说法。人若因知此理而不使他自己过于强梁,固然是很好的。但如所有受强梁者欺负的人,都应用这一句话而不给强梁者以钉子,则强梁者,不但可以得其死,而且还得其所了。受强梁欺负者是客中主,如果客中主都说,"恶人自有恶人磨",让恶人来磨恶人吧。如果每人都让别人作恶人,去磨恶人,则即没有磨恶人的恶人,而只有恶人了。

在以上的讨论中,我们并不要说孟子的这几句话本身是错或不错。这个是另一问题。我们只是说无论他们的这几句话错或不错，他们的这几句话是以客外主的资格说的。

辩证物质论特别应用在历史上，用以解释历史的进步，即成为物质史观。决定历史进步的主要的力量是经济，所以物质史观亦称经济史观。我们现在并不要讨论辩证物质论，及物质史观或经济史观本身的对或不对。我们现在所要指出者，是不管这些论或这些史观或对或不对，但应用它者若不分清客外主与客中主的观点的不同，则这些应用一定要成为错误的。

辩证物质论者，以及物质史观或经济史观者，最好用"必"字。他们常说"必然"或"必然地"。他们是不是可用这样许多"必"字，其所谓"必"，究竟"必"到什么程度，我们于此都不讨论。我们只说，他们说"必"的时候，他是以客外主的资格及态度说的。这个"必"里面，包括有整个的人力。

"一个资本主义的社会，如将资本主义性发展

论主客

到了极点，必变为社会主义的社会"这一句话，无论对或不对，是站在资本主义的社会之外，以客外主的资格及态度说的。如身当其事的人，例如某资本主义的社会的劳工阶级亦信任这个"必"，以为社会主义的社会，既然是"必"来，他们可以坐待其来，则这个"必"亦即不必了。这一种不分别客外主与客中主的观点的不同，而只用滥用公式的办法，即所谓机械主义。

我们现在常说："抗战必胜，建国必成。"这是我们的信念。有信念是必要的。不过我们同时要知道，我们都是抗战建国的事中人，都是客中主。我们说"抗战必胜，建国必成"的时候，我们要知道，这两个"必"字中间包括了我们每一个人的努力。我们若以为，既然胜是必胜，成是必成，我们何妨坐以待之，则这两个"必"即不必了。这是我们所要特别注意的。

1939年。

论知行

知易行难，是向来一般人的说法。"言之匪艰，行之惟艰"，更是我们古圣先贤的遗训。就事实上看，言行不相符的人，不拘在什么时候，或什么地方，总是多于言行相符的人。若说他不知，他何以能言？若不是知易行难，又何以能知而不能行？假使我们到南京北平，遇见伪组织中的人，若与他们私下谈话，恐怕其中有百分之九十九，都承认他们的行为是罪恶的。我们不能说，他们无知，我们只能说，他们的知与行不符。他们知他们的行为是罪恶，而行不能改过来。这岂不是知易行难么？

但三民主义中又有知难行易之说。究竟是知易行难呢，抑或是知难行易呢？在许多人的心目中，成了问题。陶行知先生的名字，本来是陶知行。他或者先以为知易行难，注重在行，故取名先知而后行，后又以为知难行易，注重在知，故改名先行而后知。究竟他的意思，确是如何，我们不得而知，但他把"知行"二字，颠之倒之，似乎表示他对于知行的看法，先后总有不同。我们可以以此为例，以见在许多人的心目中，有这个关于知行的问题。

有许多人以为，"知易行难"与"知难行易"，这两个命题是矛盾的。如果我们要说"知易行难"，则必须否认"知难行易"。如果我们要说"知难行易"，则必须反对"知易行难"。这种见解，我们以为是错误的，照我们的看法，这两个命题都是可说的，而且都是真的。

古人说知易行难，是就道德方面的知行说。近人说知难行易，是就技术方面的知行说。就道德方面的知行说，确是知易行难。就技术方面的知行说，确是知难行易。

王阳明说，人人有良知，能当下即分别善恶。他说："知善知恶是良知，为善去恶是格物。"知善知恶属知，为善去恶属行。固然他亦说知行合一，他亦说"知是行之始，行是知之成"，但从始到成，中间很有许多工夫，这许多工夫，即是"致良知"的"致"字所表示者。人人都有良知，而却不是人人都能致良知。这便表示知易行难了。我们虽不完全赞同阳明的良知之说，但道德上的善恶，确是人不待推论而直接能感觉到的。感觉到善则知其为善，恶则知其为恶。在这一点，圣贤与恶人，并没有很大的区别。不过知其为善则行，知其为恶则去，却是极不容易做得到的。此而能做得到，便已进入圣域贤关了。就这一方面说，确是知易行难：就知易说，"愚夫愚妇，可以与知"；就行难说，"虽圣人亦有所不能焉"。

但就技术方面说知行，则确是知难行易。一个匠人，可以盖一所房子。他从经验学来盖房子的方法。用这方法，他能盖房子。但如有人问他，为什么房子要如此盖，他却不能答了。他知其然而不知其所以然。知其然所以能行，不知其所以然，所以虽行而未知。一个学过建筑学的工程师则与匠人不同。他不但会盖房子，而且知道盖房子的方法所根据的原理。他不但知其然，而且知其所以然。知其然者未必知其所以然，知其所以然者必知其然。人的知识，都先是经验的，而后是科学的，人凭经验的知识，即可以有行，但必有科学的知识，才算是有真知。不必有建筑学，人即可以凭经验盖房子。但必有了建筑学，人对于盖房子的方法，才有真正的了解。就这一方面说，确又是知难行易：就行易说，"愚夫愚妇可以与能"；就知难说，"虽圣人亦有所不知焉"。

由此我们可知，"知易行难"与"知难行易"，这两个命题，各有其应用的范围。如各守其范围，这两个命题都是可以说的，而且都是真的。

在技术方面，我们应当知"知难行易"，如此

116

我们可以不以经验自限，对于已知其然者，还要进而知其所以然。在道德方面，我们应当知"知易行难"，如此我们可以不以空言为自足，必要使空言进而为实事。

或者说：以上所说，把知行打成两橛。其实知行是合一的。真知必能行，知而不行，只是未知。有真知者自然能行。如此说，还是知难行易是不错的。因为所难者是知，如有真知，则自然能行。

关于此点，我们说：在技术方面说知行，知难行易，本是我们所承认的。有真知者自然能行，亦是我们所承认的。不过若在道德方面说知行，则有真知者是否自然能行，要看所谓真知是什么意思。你可以说，凡真知必见于行，因为如未见于行，则其知不是真知，知而不行，只是未知。如果所谓真知，是如此的意义，则说有真知者必见之于行，正如说，有必见于行的知者必见之于行。此话固然不错，但在实际上没有多大的意义。照我们的看法，于此应当说，有真知者，如果顺此知之自然发展，

论知行

则必有行，以继续之。譬如我感觉一种臭气，这是知。如顺此知之自然发展，则我必走开，或掩鼻，这是行。但有时因为别的关系，我不能走开或掩鼻，则我即只有知而无行了。但于此我们亦不能说，我的知非真知。

人在道德方面，对于善恶，亦尝有所感觉，这是知。如顺其此知之自然发展，则我们当然亦可为善去恶。但稍一转念之间，因计较利害，而即不能为善去恶，这亦是常有的事情。所以古人说：初念是圣贤，转念是禽兽。初念是人人都有的或都可有的，所以我们说知易。但谁能完全不受转念的影响呢？一受转念的影响，初念即能知不能行了。所以我们说行难。

近来很有些人误解了"知难行易"这句话的意义，以为无论对于何事，皆是知难行易。于是做了些文章，拟了些计划，自以为我已经知了，知难行易，行是不成问题的。但一说到行，就包含有技术方面的"如何行"及道德方面的"应该行"。就

"如何行"方面说，计划如果真拟得好，自然于行是有很大的帮助。但就"应该行"方面说，当事者另需要一种决心，如古人所谓志者，才能把知变为行，把空言变为实事。"言之匪艰，行之惟艰"，"知易行难"，古圣先贤的遗训，我们还是要时刻念及，以自警惕的。

1940年8月。

论知行

再论知行

　　数月以前，曾写过一篇短文《论知行》。尚有未尽之意，兹再论之。

　　在上篇短文里，我们说：就道德方面的知说，确是知易行难，就技术方面的知说，确是知难行易。现在我们要补充说者，即就道德方面的知说，我们亦可以说，知难行易。

　　所谓知有二义，一是认识，一是了解。就其认识之义说，道德方面的知，是容易有的，而道德方面的行，是不容易有的。王阳明说，人人都有知善知恶的良知。良知之知善知恶，"如恶恶臭，如好好色"，皆是当下认识，不待思虑考索。阳明此说，是不错的。人对于价值，如有认识，都是当下认识，不待思虑考索。如有人不能当下认识，则他无论怎样思虑考索，他终不能认识。例如人看见一幅图画，如果此画是美的，而他亦认识其美，他是当下即认识。他如不当下认识，即令有美学家或艺术批评家为之百般讲解，他还是不能认识此画的美。

就这一方面说，可以说知易行难。一个人可以认识一件事的道德价值，但他未必能做此等的事。一个人可以认识一幅画的美术价值，但他未必能作此等画。

但就所谓知的了解之义说，则知又是不容易有的。一个人可以认识一件事的道德价值，亦可以行此等的事，但此等事为什么是道德的，他却未必能有了解。比如一个人可以认识一幅画的美，亦可以作此等的画，但此等画为什么是美的，他却未必有了解。道德学及美学的用处，就在这一点。道德学可以说明一件善事为什么是善，可使我们对于善有

再论知行

了解。美学可以说明一件美的东西为什么是美，可使我们对于美有了解。对于善或美的认识，是人人都多少有的，但对于善或美的了解，则不是人人都有的。不但认识善或美的人，不必对于善或美有了解，即能行善事或创作艺术品的人，亦不必对于善或美有了解。

更有些人，虽依其良知觉得有些事办得妥当，他亦可做他所觉得妥当的事，但他可以不知那些事即有道德的价值。比如有些人觉得有些东西看着顺眼，他亦可做他所看着顺眼的东西，但他可以不知那些东西即是美的东西。例如民间流行的歌曲，其音节词意有些都是美的，不过作的人及唱的人或只觉其听着顺耳，而不知这些作品，都有美术的价值。孟子说："由仁义行，非行仁义也。"由仁义行是依照仁义行，行仁义当然亦是依照仁义行，不过不仅只是依照仁义行。于依照仁义的时候，行者不但依照仁义行，而且对于仁义有了解，自觉其是依照仁义行。此是有觉知地依照仁义行，此谓之行仁义。若虽依照仁义行，而对于仁义并无了解，亦不自觉其是依照仁义行，则虽依照仁义行，而不能说是行仁义，只可说是由仁义行。《中庸》说："人莫不饮食也，鲜能知味也。"是这点意思的一个很好的比喻。

由此方面说，我们亦可说，在道德方面，亦是行易知难。

不过在技术方面，知难行易，所以能知即能行。但在道德方面，虽亦可说知难行易，但却不一定能知即能行。一个人若知一件事如何行，假如他行，他自然能行。但一个人若知一件应该行，这个应该未必即使他真正去行。

有有条件的应该，有无条件的应该。例如医生告诉一个人说，你如果愿意保持健康，你应该起居有节。这个应该是有条件的。道德上的应该是无条件的。对于有条件的应该，一个人如不顾其条件，则其应该即失其效力。一个人可以告诉医生说，我不愿意保持健康，所以我也不必起居有节。道德上

再论知行

的应该，虽是无条件的，但没有强迫人以必从的力量。人的欲求是很复杂的，无论对于有条件的，或无条件的应该，他往往明知其是应该，而因有别的牵扯，不能照着应该行。所以古人说："言之匪艰，行之惟艰。"此说与知难行易并无冲突，是可以并存的。

———————————

1942年1月。

论悲观

近来常听见有些青年说：他们对于人生抱悲观；他们觉得人生没有意义。有位青年说："人落入悲观中后，似乎不能再从其中跳出来。""他几次想努力用功，振作上进，但是他又几次觉得一切都没有意思。读书也没有意思。结果他懊悔自己不该思索人生意义问题。他反去羡慕那些多动少思的同学。"很有些人想知道人生的意义是什么，很有些人"思索人生意义问题"。在思索不得其意义的时候，很有些人即对于人生抱悲观。

人生的意义是什么？这个问题是不能直接答

复的。在未回答"人生的意义是什么"这个问题之先，我们须先问：这个问题是不是成为问题？

我们问某一个字或某一句话的意义是什么。此所谓意义，即是指对于某一个字或某一句话的解释。例如我们不知某一个字的意义，我们查字典，在字典中可以得到某一个字的解释。我们不知某书中某一句的意义，我们看注疏，在注疏中我们可以得到某一句话的解释。这是所谓意义的一个意义。

我们还常问某一件事的意义是什么。此所谓意义是指此事所可能达到的目的。例如我们问：这次中日战争的意义是什么？我们可以说，这次中日战争的意义，就中国说，是中国民族求解放，求自由平等，就日本说，是日本民族求独占东亚。这都是就这次中日战争所可能达到的目的说。我们可以说，一件事必须对于它所可达到的目的，方可说是有意义或无意义。若只就一件事的本身说，我们不能说它是有意义或无意义。一件事所可达到的目的，即是这一件事的"所为"。有些事有

126

"所为"，有些事没有"所为"。我们可以问：修滇缅铁路，所为何来？可以问：修滇缅铁路的意义是什么？但我们不能问：有西山所为何来，不能问：有西山的意义是什么？我们可以问中日打仗所为何来？我们还可以问：求自由平等所为何来？但如有人答：求自由平等，为的是求幸福，我们即不能问，求幸福所为何来？没有人为打仗而打仗，所以打仗的所为或意义是可以问的。但人都是为幸福而求幸福，所以求幸福的所为或意义是不可问的。这是就所谓意义的另一意义说。每一个字每一句话都必要有意义。如没有意义，那一个字即不成其为字，那一句即不成其为话。但并不是每一件事都要有意义。没有意义的事亦不一定即是不值得做的事。如求幸福即可以说是没有意义的事，但求幸福并不是不值得做的事。

于此，我们必须分别"没有意义"的两个意义。一个人做一件事，他本想以此达到一目的，但实不能以此达到之。我们说这件事没有意义。例如

论悲观

日本取"谣言攻势"，想以谣言达到某种目的，而实则没用。我们说这种攻势没有意义，这是没有意义的一个意义。就这个意义说，没有意义的事是不值得做的事。但有些事，并不是有所为而为者，对于这些事，我们不能问其"所为何来"，不能问其有意义或无意义。这些事亦可说是没有意义，这是没有意义的另一意义。就这一意义说，没有意义的，不一定是不值得做的事。

照以上所说，我们可知，"人生的意义是什么"，恐怕是个不成问题的问题。人生是一件事，这一件事并不是有目的的，说它不是有目的的，并不是说它是盲目的，无目的的，而是说它是无所谓有目的的或无目的的。人生中的事是有所谓有目的的或无目的的。我们可以问：结婚的目的是什么？读书的目的是什么？但人生的整个，并不是人生中的事，而是自然界中的事，自然界中的事，是无所谓有目的的或无目的的。我们不能问：有人生"所为何来"，犹之我们不能问：有西山"所为何来"。

所以，"人生的意义是什么"，是一个不成问题的问题，犹之"西山的意义是什么"，是一个不成问题的问题。

不成问题的问题，是不能有答案的。有些人问这个问题而见其不能有答案，遂以为人生是没有意义的。又不知"没有意义"有不同的意义。有些人以为凡没有意义的事都是不值得做的，遂以为人生亦是不值得生的。照我们的说法，人生诚可谓没有意义，但其没有意义是上所说"没有意义"之另一意义，照此说法，人生所以是没有意义者，因为它本身即是目的，并不是手段，人生的本身，不一定是不值得生的。

不过这一片理论，对于有一部分抱悲观的人，恐怕不能有什么影响。因为有一部分抱悲观的人，并不是因为求人生的意义而不得，才抱悲观，而是因为对于人生抱悲观，才追问人生的意义。庄子说："忘足，履之适也。"一个人的脚上若穿了很适合的鞋，他即不想到他的脚，他若常想到他的脚，

129

大概他的脚总有点什么毛病。在普通情形下，一个人既没有死，直是生下去而已，他若常想到他的生，常想到所谓人生的意义，大概他的"生"中，总有点什么毛病。

我们叫图书馆的人到书库里找书，如找不到我们所要找的书，他出来说"没有"。所谓没有者，是没有我们所要找的书，并不是一切书皆没有。但我们常因我们所注意的事情没有，而觉得，或以为，一切皆没有。例如说到一个地方的贫乏时，我们说"十室九空"。其实一个房子中，即使只剩四壁，也不能说是空的，至少空气总要充满其中。一个人在他的生活中，总有些事使他失望，所谓失望者，即他本欲以此事达到某目的，而其实不能达到。本欲以此事达到某目的，而其实不能达到，此事即成为无意义。若果这个失望是很深刻的，即可觉得，或以为，人生中一切事都是无意义的，因此他即对于人生抱悲观了。

对于这一部分人，专从理论上去破除他的悲

观，是不行的。抱悲观的人，须对于他以往的经历，加以反省，看是不是其中曾经有使他深刻失望的事。在他过去的经历中，使他最深刻失望的事，大概即是使他对于人生抱悲观的原因。知道了他所以对于人生抱悲观的原因，他的悲观即可以减轻。人若戴了一副灰色的眼镜，他看见什么都是灰色的。但他若知道他是戴了灰色的眼镜的时候，他至少可以知道，他所看见的什么，本来不一定都是灰色的。

　　一个对于人生抱悲观的人，能用这一点工夫，再知"人生的意义是什么"是一个不成问题的问题，大概他的悲观，总可以破除一大部分。

1941年。

论悲观

贫穷的哲学

有人说：中国先贤多赞美贫穷。例如孔子说："饭疏食饮水，曲肱而枕之，乐亦在其中矣。不义而富且贵，于我如浮云。"

又说颜回"一箪食，一瓢饮，在陋巷，人不堪其忧，回也不改其乐。贤哉，回也"。

孔子以后，思想家，文学家，诗人，更多有赞美贫穷者，中国一般人都受了这些人的影响，都以贫穷为可乐。因为一般人既都以贫穷为可乐，所以也就少有人去努力生产事业，开发富源了。中国的生产事业不发达，至少一部分是吃了这些先贤的亏。

中国的生产事业不发达，究竟原因何在，我们于此不论。不过我们可以断定地说，中国的生产事业不发达，其原因并不在上所说的方面，并且，中国先贤并不赞美贫穷。

中国先贤非但并不赞美贫穷，而且亦赞美富贵。旧日商店门口的对联，往往是："洪范五福先言富，大学十章半理财。"《洪范》所说五福，是一曰寿，二曰富，三曰康宁，四曰攸好德，五曰考终命。《周易·系辞》说："崇高莫大乎富贵。"孔子说："富而可求也，虽执鞭之士，吾亦为之。"孟子说："富与贵，是人之所欲也。"富的本身，是可欲的，这是没有人能否认的。

富虽是可欲的，但求富并不是一件道德的事。用正当的方法求富，固然亦不是不道德的事。不是不道德的事，不一定就是道德的事。是道德的与是不道德的，中间还有一个中立的地带。求富虽不是道德的事，但为大众求富，却是最大的道德的事。例如仁是最大的道德，仁者爱人，爱人者绝不希望

133

人穷。他只希望人富。古人所谓圣君贤相，发政施仁，决不是想叫天下人都"一箪食，一瓢饮，在陋巷"。而是想叫天下人都能"衣帛食肉"，"养生送死无憾"。现在所有政治上，社会上的各种主义，其所以号召者，在于此，其所以有道德的根据者，亦在于此。

富的本身是可欲的，虽是可欲的，但与道德是无干的。虽与道德是无干的，而有些道德的行为，却非借此不能表现。譬如糖果酒肉，其本身是可欲的，但亦与道德无干。虽与道德无干，但父母以糖果与子女，其行为却是慈；子女以酒食奉父母，其行为却是孝。在有些情形下，孝慈非借这些东西不能表现。我们不能因为这些东西的本身没有道德的价值，遂以与这些东西有关的行为亦皆没有道德的价值。我们亦不能因为与这些东西有关的行为，有些有道德的价值，遂以这些东西的本身，亦有道德的价值。我们不能因为有些人常说这些东西，而遂以为他们必不注重道德的价值。我们亦不能因为有些人常讲道德的价值，而遂以为他们必不注重这些东西。

然则孔子对于颜回的陋巷等，又何以谈得津津有味；而其自己亦要"浮云富贵"呢？于此我们说，陋巷等的本身是不可欲的。孔子所以称赞颜回者，并不是颜回"一箪食，一瓢饮，在陋巷"，而是颜回虽在如此的环境中，而仍"不改其乐"。其乐并不是乐陋巷等，而是别有所乐。宋儒常教人"寻孔颜乐处，所乐何事"。其所乐何事，我们于此不论。不过我们可以断定地说，其所乐并不是"一箪食，一瓢饮，在陋巷"。

孔子说："不义而富且贵，于我如浮云。"孟子说："富与贵是人之所欲也；不以其道得之，不处也。"这些话所注重者是"不义"，及"不以其道得之"。求富贵虽不是不道德的事，但用不道德的方法以求富贵，却不折不扣是不道德的事。这些事当然是不能做的。若专以求富贵为目的，而不计其求之方法是否道德的，则必至"大则弑父与君，小

135

则吮痈舐痔"。

于此我们可知，我们先贤并不以贫穷本身为可欲而赞美之。富本身是可欲的，而且还是为有些道德的行为的实现所必需。不过，富的本身是与道德无干的，而我们先贤又常注重道德的价值。所以有些人以为，先贤必不注重富。不过这以为是起于人的思想的混乱，如上文所说。

另有一问题亦起于此类的思想的混乱。在民初新文化运动的时候，有些人以为宋儒提倡"饿死事小，失节事大"是不讲人道。他们看见我们先贤，常讲"杀身成仁，舍生取义"，以为先贤大概都是些草菅人命的刽子手，一定是视人命如儿戏的。这些人的这些以为，又是错误的。生是可欲的，其本身固亦与道德无干，但救人之生，却是最大的道德。《论语》说：孔子下朝回来，见他的马棚为火烧了。他只问"伤人乎"，"不问马"。因为人命至重也。孟子因为齐宣王不忍杀一牛，而断其能行仁政。因为孟子所谓仁政，是从不忍人之心，发出

136

来的。所以说"先王有不忍人之心，斯有不忍人之政矣"。孟子说："今人乍见孺子将入于井，皆有怵惕恻隐之心。"这就是仁之端。孟子教人把此端扩而充之，以成为仁人。宋儒对于孟子此点，特别发挥。他们万不料后世会有人说他们不讲人道。

但何以又要"杀身成仁呢"？这并不是因为杀身的事的本身有什么好处，而是因为不能"求生害仁"。所以孔子说："有杀身以成仁，无求生以害仁。"孟子亦说："生，亦吾所欲也；义，亦吾所欲也。二者不可得兼，舍生而取义者也。"这话着重在"二者不可得兼"。我们不能因为先贤常说杀身舍生，而即以为他们不以为身与生的本身是可欲的。亦不能因此，即以为他们以为，杀身与舍生的本身即是可欲的。

又有些人读《孟子》，见齐宣王因为问了一句"何以利吾国"，被孟子大加驳斥，而孟子却又发表了许多经济计划，叫人能衣帛食肉，养生送死无憾，他们即说：孟子所说的不是利吗？何以孟子

贫穷的哲学

只准百姓点灯，不许州官放火呢？他们不知梁惠王所谓利吾国者，是为自己求利，而孟子所讲经济计划，是为大众求利。利的本身是可欲的。为自己求利，可以不是不道德的事。但为大众求利，则一定是道德的事，道德的事是义不是利。所以，《大学》虽讲"理财"，而仍说："君子不以利为利，而以义为利。"以义为利，并不是不讲利，而是不为自己讲利，而为大众讲利。

———————————

1940年4月。

文学美术

世界本非为人而设，人偶生于其中耳。人既生于此世界之中，一切欲皆须于其中求满足，于是一般艺术生焉。艺术者，人所用以改变天然的事物，以满足人自己之欲，以实现人自己之理想者也。在诸种艺术中，有所谓实用的艺术（industrial arts）者，以统治改变人以外之外界事物，使其能如人之欲，以为人利。如一切制造、工程，皆属此类。又有所谓社会的艺术（social arts）者，以统治改变人自己之天性，使人与人间，得有调和。如一切礼教制度及教育等，皆属此类。此二种艺术，皆在所谓实行界中，皆须人之活动，使之实现于实际。

此世界既非为人设，故其间之事物，当然不能尽如人意。虽有诸种艺术之助，而人之欲终不能尽满足，人之理想终不能尽实现。即人与人之间，因其间关系复杂之故，亦常有令人不能满足之事。所以有"天下不如意事十常八九"之言，所以理想的往往与实际的成为相对峙之词也。然未得满足之欲，亦不能因其未得满足而随自消灭。依现在"析心术"说，吾人之梦，及日间之幻想，所谓"日梦"（day-dream）者，即诸未得满足之欲，所以求满足之道。此诸欲在实行界中未得满足，乃不得已而建空中楼阁，于其中"欺人自欺"，亦所谓"过屠门而大嚼，虽不得肉，贵且快意"者也。

空中楼阁之幻想，太虚无缥缈，虽"慰情聊胜无"，而人在可能的范围内终必欲使之成为较具体的，较客观的。文学及美的艺术（fine arts）或曰美术者，即所以使幻想具体化、客观化者也。

诗对于人生之功用——或其功用之一——即是

140

助人自欺。

"用尽闺中力，君听空外音。"（杜甫《捣衣》）

闺中捣衣之声，无论如何大，岂空外所能听？明知其不能听，而希望其能听，诗即因之作自己哄自己之语，使万不能实现之希望，在幻想中得以实现。诗对于宇宙及其间各事物，皆可随时随地，依人之幻想，加以推测解释；亦可随时随地，依人之幻想，说自己哄自己之话。此诗与说理之散文之根本不同之处也。小说则更将幻想详细写出，恰如叙述一历史的事实然，或即借一历史的事实为题目，而改削敷衍，以合于作者之幻想。

有些欲之所以不得满足，乃因其与现行礼教相冲突。佛洛依德（Freud）说，此被压的意欲，即在梦中，亦必蒙假面具，乃敢出现；盖恐受所谓良心之责备也。中国昔日礼教甚严，被压之欲多，而人亦不敢显然表出其被压之欲，所以诗中常用隐约之词，所谓"美人香草，飘风云霓"，措辞多在可解与不可解之间，盖作者本不欲令人全知其意也。

《诗序》所谓"发乎情，止乎礼义。发乎情，民之性也；止乎礼义，先王之泽也"。发乎人之性者，欲也；先王之泽，压欲之礼教也。

小说与诗将幻想敷衍叙述，长歌咏叹，固已以言语表出幻想，使之具体化与客观化矣。然文字言语所描写，犹不十分近真。戏剧则实际的表演幻想，使之真如人生之一活动的事实。世界之有名的小说故事，多被编为戏剧；而人对于戏剧脚本，又多喜见其排演。盖非经排演，幻想不能十分的具体化与客观化也。

图画雕刻以较易统治之物质为材料，使吾人理想中之情景、事物，或性质，得实际的完全实现。如道家所谓天然境界，其中本有好与不好；此外境情形，又不易统治使其完全合于吾人之理想。而画家则以较易统治之颜料与纸为材料，使天然境界之好的方面，完全独立实现，以为吾人幻想中游息之地。又如吾人所做佛像，多表现仁慈、恬静诸性质。此亦以较易统治之物质为材料，而使此诸性质得完全实现。文学图画等，除其内容，即所实现之幻想外，其形式中亦实现有吾人之理想的性质。如诗之音节所表现之谐和流利，即其一例。此即所谓形式美也。【注】

小说戏剧等之作者与读者，多将其自己暗合于故事中之人物而享受其所享受。故其故事之空间、时间，及其人物之非主要的性质（即论理学上所谓偶德accidents，与常德property相对）则均无关重要。即此等人物、此等事情，即可动人；其所以动人，乃其"共相"。至于形式美所表现之性质，则尤系"共相"。所以叔本华谓美术作品所代表，乃柏拉图的概念也。

人之所以亦愿作悲剧，看悲剧者，盖有许多性质，如壮烈、苍凉等，非悲剧不能表现。且人生之中，本有许多苦痛；人心中之苦痛，又必得相当发泄而后可。人之所以常诉苦者，盖将苦诉而出之，则心中反觉轻快。契诃夫小说中之老人，见人即诉其丧子之苦，其一例也（契诃夫《苦恼》，见《现

143

代评论》第一卷六至七期）。太史公曰："屈平疾
王听之不聪也，谗谄之蔽明也，邪曲之害公也，方
正之不容也，故忧愁幽思而作《离骚》。'离骚'
者，犹离忧也。"（《史记·屈原列传》）

此世界中，本有许多不平之事，又加以死亡、
疾病诸天然的不好之压迫。深感此诸苦者，本其穷
愁抑郁之气，著之于诗歌戏剧诸作品。而他知人生
之苦痛或曾身受之者，亦观玩赏鉴，而洒一掬同情
之泪焉。经此发泄，作者与观者之苦痛，乃反较易
于忍受矣。

总之，文学美术作品，皆人之所为，以补救天
然界或实行界中之缺陷者。故就一方面说，皆假而
不真，人特用之以自欺耳。《中庸》说："所谓诚其
意者，毋自欺也。"道德家多恶自欺。不过自欺于
人亦是一种欲。依上所说，凡欲苟不与他欲冲突，
即不可谓恶。譬如小孩以竹竿当马，岂不知其非真
马？但姑且自以为真马，骑而游行，自己喜笑，他
人亦顾而乐之，正不必因其所骑非真马而斥其虚妄

自欺也。文学美术所代表非现实，亦自己承认其所代表非现实。故虽离开现实，凭依幻想，而仍与理智不相冲突。文学美术是最不科学的，而在人生中却与科学并行不悖，同有其价值。

【注】幻想与理想之差别，乃程度的，非种类的。理想即幻想之较有系统，较合理，较有根据者。如柏拉图之理想国，莫尔（Moore）之乌托邦，实亦即空中之楼阁，特以其较有系统，较合理，故可不称为幻想，而与以理想之名耳。

关于真善美

有许多人把"真""善""美"三者，认为是一事，或混为一谈。常说：真的就是善的，就是美的，善的就是真的，美的，等等。这些说法，听着很好听，因为这三字本来都是说着好听的。但仔细想起来，这种说法究竟说了些什么，实在很成问题的。

在中国原有言语里，所谓"真"有两义。例如我们说："这个桌子是真的"；我们亦说："报上的某消息是真的。"这两个"真"的意思不同。第一句话中所谓"真"，是对于一事物说；后一句话中所谓"真"，是对于一句话说。普通所谓真善美之"真"，是指"真理"而言，是后一句话中所谓"真"。

就普通所谓真善美说，"真"是对于一句话说的，"善"是对于一种行为说的，"美"是对于一种形象说的。

人不能凭直觉，知道某一句话是真；但知道某一个形象是美，则是专凭直觉的；人知道某一个行为是善，是不是专凭直觉，这是一个值得讨论的问题。

王阳明的"良知说"，就是主张专凭直觉，人即可以知道善知道恶。阳明说："知善知恶是良知，为善去恶是格物。"阳明亦说"致知"，但谓致知即是致良知，"知善知恶是良知"。人见一善的行为，不待思考，而即感觉其是善；见一恶的行为，不待思考而即感觉其是恶。正如人见一美的事物，不待思考而即感觉其是美；见一丑的事物，不待思考而即感觉其是丑。

《大学》说："如恶恶臭，如好好色。"阳明亦

关于真善美

常引此言，以比喻良知。人于感觉一行为是善时，不但感觉其是善，而且对之有一种敬仰。于感觉一行为是恶时，不但感觉其是恶，而且对之有一种鄙视。犹之乎人见好色即自然好之，见恶臭即自然恶之。阳明以为人本来都能如此直接分别善恶。此"能"，阳明谓之"良知"。人须先觉了他有"良知"，然后即注意于顺良知行。顺良知行即是致良知，即是致知，亦即是格物。

照这种说法，人对于道德价值的知识，是一种直接的知识，也可以说是一种直觉。有道德价值的行为，是依照某道德规律的行为。但人感觉一行为是善的，并不是因为他们先知其是依照某道德规律。他们并不必先将此行为加以分析，见其依照某道德规律，然后方感觉其是善的。

法庭中，法官的判决是用此种方法得来，但人对于道德价值的感觉，则不是用此种方法得来。他们先感觉一行为是善的，依此感觉，他们即说它是善的。至于分析其行为是如何依照某道德规律，则是

148

以后的事。人对于美的感觉，亦是如此。譬如人见一好画，而感觉其为美；他们并不是先将其加以分析，见其是依照某美学的规律，然后感觉其为美，而是一见即感觉其为美。依此感觉，他们即说，它是美的。至于分析它是如何依照某美学的规律，则是以后的事。此点若详加讨论，即到理在心外或理在心中的问题，此问题是理学心学所争论的一个根本问题。置此问题不谈，而但说，人对于道德价值的知识，是一种直接的知识，也可以说是一种直觉。人都能有此种知识，此"能"，是人的良知。若限良知于此义，则人有良知之说，是可以说的。有些人对于此点，尚有怀疑，请先释疑。

有些人以为，所谓"良知"，如上所说者，不过人于某种社会制度内，所养成的道德习惯，在知识方面的表现。在某种社会内，某事是善的。但在别种社会内，某事或不是善的。人的良知，常以其社会所以为善者为善。例如以家为本位的社会，以女子守节为善。其中的人的良知，亦以女子守节为

关于真善美

善。以社会为本位的社会，不以女子守节为善。其中的人的良知，亦不以女子守节为善。在此两种不同的社会中，对于此等事，人的良知所见不同。于此可知，良知的"知"，是不可靠的。

于此我们说，照上文所说，良知只能知其对象，而不创造其对象。道德行为是依照道德规律的行为，道德规律，有些是某种社会的理所规定的，所以本可以不同。在某种社会内，某事本是善的。本是善的，而人的良知知之，并不是人的良知以为善，它才是善的。在某种社会内，某事本不必是善的。本不必是善的，而人的良知亦知之，并不是人的良知以为不必是善的，它才不必是善的。在以家为本位的社会中，女子守节本是道德的行为；在以社会为本位的社会中，女子守节本不必是道德的行为。此种行为，本是如此，而人的良知知之。并不是人的良知以为此种行为是如此，而它才是如此。

有些人以为，所谓"良知"者，并不是自有人类以来，人本即有的；经过长时期"物竞天择"

150

的演变，现在的人才可以说是有良知。我们或可说"现在的人有良知"，而不可说"人有良知"。

此所说或是事实，但就义理说，说人有良知，则并不因有此事实而有不合。假定以前的人无良知，而现在的人有良知，也就是说，现在的人更近于人之所以为人者，人类研究有了进步。这于说人有良知，并没什么妨碍。

照心学这一派的说法，人不但专凭直觉即可以知善知恶，而且只可以专凭直觉知善知恶；若对于直觉所知，另有考虑，则反而不能知善知恶了。对于直觉所知，另有考虑，心学一派的人，谓之用智。"用智"的弊，与"自私"同，程明道说："君子之学，莫若廓然而大公，物来而顺应。""人之情各有所蔽，故不能适道，大率患在于自私而用智。自私则不以有为为应迹，用智则不能以明觉为自然。"（《定性书》）

阳明以为良知所知，就是至善，他说："至善之发见，是而是焉，非而非焉，轻重厚薄，随感随应，

关于真善美

而亦莫不自有天然之中，是乃民彝物则之极，而不容少有议拟增损于其间也。少有拟议增损于其间，则是私意小智，而非至善之谓矣。"（《大学问》）

这都是说，人只可以专凭直觉，知善知恶。

这并不是说，人只可以专凭直觉做事。直觉能使人知道什么事应该做或不应该做，不能教人知道什么事怎么做。知道什么事应该做以后，就去研究怎么做，这不是直觉所能知的。但这也不是道德判断了。

至于"真"，则我们不能专靠直觉而判定那一句话是真的。有些人可以说，算学及逻辑中的最初定律，是"自明"的。所谓"自明"者，就是专靠人的直觉，就可以知道它是真的。此话也许不错，但即令此说是真的，也不过是只有这些定律是自明的而已。人还是不能专靠直觉就能算算学，演逻辑。至于关于实际事物的科学，例如化学、经济学等，更不是专靠直觉，即可以讲的。

我们可以说"真的话就是与事实相符的话"，

我们也可以说"善的行为就是与社会有利的行为"。但关于美，我们只能说"美是使人有某种感觉的形象"。

不过对于一句与事实相符的话，我们须先知其是与事实相符，我们才知道它是真的，但对于一种于社会有利的行为，我们不必想到它是与社会有利，而立时对于它即有崇敬爱慕之感。善恶的判断，可以专凭直觉者，其原因即在于此。

人不能专凭直觉说一句话是真，但可以专凭直觉说一行为是善，一形象是美。不过人可以离开人的感觉说善之所以为善，但不可以离开人的感觉说美之所以为美。这就是说，感觉并不是构成善的要素，但是构成美的要素。这是真善美的一个不同之点。

————————————

1944年。

关于真善美

尊理性

我们于绪论中说，宋明道学家讲得最多者，是所谓"为学之方"。他们以学圣人为为学之目的。朱子《近思录》有"为学"一章，开始即引用濂溪说："圣希天，贤希圣，士希贤。""志伊尹之所志，学颜子之所学。"颜子之所学是什么？程伊川有《颜子所好何学论》，说：颜子所好，即"学以至圣人之道"。

为什么要为圣为贤呢？一个说法是：为圣为贤，可得到一种乐。

宋明道学家以为孔子称颜渊为好学，又说："回也不改其乐。"程明道说："昔受学于周茂叔，每令寻颜子仲尼乐处，所乐何事。"有人说：颜子之乐，是乐其所学。"乐是乐此学，学是学此乐。不乐不是学，不学不是乐。"

我们承认在宋明道学家所说的"学"中，是可得到一种乐。但我们不能以此为人所以必须为圣为贤的理由。因为我们如以此为人所以必须为圣为贤的理由，则我们须有理论证明为圣为贤的乐，比普通人在别方面所得的乐更是可乐。虽有许多人作此等的证明，但其理论总不十分地圆满。因为作此等证明须把两种，或几种不同的乐，作一比较，看其中哪一种是更可乐。这种比较若完全是量的比较，则须有一个公同的量的标准。例如此物是一斤重，彼物是二斤重，斤是在此方面的量的公同标准。但于比较乐之量时，则没有公同的标准可用。喝两杯酒所得的乐不见得一定比喝一杯酒所得的乐加倍，亦不见得一定不加倍，亦不见得一定不止加倍。

若所谓乐的比较不是量的比较，而是质的比较，则即质的比较亦须有一公同的标准。若没有一

尊理性

个公同的标准，我们很难说，这一种乐比那一种更可乐。所谓更可乐或更不可乐，都是就一公同的标准说，而此标准是没有的，即使有亦是很不容易找到的。譬如读书是一种乐，喝酒亦是一种乐。究竟此二者中，哪一种更可乐，是不容易比较的。有些人可说，如果好喝酒的人深知"读书之乐乐无穷"，他一定以为读书的乐比饮酒的乐更可乐。但有些人亦可说，如果好读书的人深知"饮酒之乐乐无穷"，他一定以为饮酒的乐比读书的乐是更可乐。这二种说法，我们很难确切地说，或充分地证明，哪一种一定是，哪一种一定非。因为在这个比较中，我们没有一个公同的标准。

宋明道学家虽说为圣贤及学圣贤是一种乐，但并不以此为人所以必为圣贤或必学圣贤的理由。这是很有理由的。究竟人为什么要学圣贤呢？孟子于此点，有一较为形式的辩论。宋明道学家亦常用之。照这个辩论的说法，人所以必要学圣贤，因为人必要"做人"。

156

我们现在常听见有许多人说："人要做人。"有许多人说，现在的教育，只教学生知识，不教学生"做人"。什么叫"做人"，这些人并没有说，至少是没有说清楚。

　　"做人"亦是宋明道学中的名词。孟子有一句话说："人之所以异于禽兽者几希，庶民去之，君子存之。"人之所以异于禽兽者，即是人之所以为人者。一个人若照着人之所以为人，人之所以异于禽兽者去做，即是"做人"。若不照着人之所以异于禽兽者去做，而只照着人之所同于禽兽者去做，即不是"做人"，而是做禽兽了。此做字的意义，如"做父亲""做儿子""做官"之做。是父或子的人，做父或子所应该做的事，即是做父亲或做儿子。是人的人，做人所应该做的事，即是"做人"。是父或子的人，不做父或子所应该做的事，即是"父不父，子不子"。如是人的人，不做人所应该做的事，即是"人不人"。

　　所谓"人不人"者，即是说一个人不是人。在

157

中国话里，我们骂人，常用"不是人"一语。这一语是有思想上的背景的。在别的言语里，似乎没有与此相当的一句话。美国人常用骂人的一句话，有"天杀的"一语，此一语亦是以一种信仰为背景的。

自另一方面说，是父或子的人，照着父或子所应该的去做，即是父父子子。如人照着人所应该的去做，即是人人，人人之至者是圣人。圣有"完全"的意思。一个人对于某种技能，如可认为已至完全的程度，我们称之为某圣。例如有人称杜甫为诗圣。称之为"诗圣"者，言其对于"做诗"，已可认为达于完全的程度也。一个人如对于"作人"，已可认为至完全的程度，则可称为人圣，人圣即是圣人。邵康节说："圣人，人之至者也。"人人之至，即是人之至。照着人之至去做，即是"学"。

"人之所以异于禽兽者"是什么？我们常听见西洋哲学家关于此问题的各种说法。有些哲学家说：人是政治的动物。有些说：人是理性的动物。有些说：人是有手的动物。有些说：人是能用工具

158

的动物。有些说：人是会笑的动物。孟子等所谓禽兽，即指人以外的别的动物。理性的，有手的等，都是人之所以异于人以外的别的动物者。动物的性质，加上人之所以异于人以外的别的动物的性质，即是人的定义。照着人的定义去做，即是"做人"。

不过照以上所说的，人之所以异于禽兽者，有些是人不必努力地照着做，而自然照着做的。人不必努力地有手而自然有手，人不必努力地会笑而自然会笑。但有些则需人努力地照着做而始照着做。例如对于是理性的及是政治的两方面，人必须努力，然后可以成为完全地或近乎完全地理性的或政治的动物。对于人不必有意地照着做而自然照着做者，不发生照着做或不照着做的问题。对于需人努力地照着做而始照着做者，则有照着做或不照着做的问题。因有这个问题，所以这些方面成为要"做人"的人的努力的对象。

亚力士多德说：人是政治的动物。此话现在人常引用，不过亚力士多德此话的原意，比现在有些

尊理性

人所了解者多得多。亚力士多德说：人是政治的动物，意谓人必在国家的组织中，才能实现人的"形式"。我们现在所谓国家，只有政治的意义，但亚力士多德所谓国家，其伦理的意义，比其政治的意义多得多。他说人是政治的动物，意实说：人是伦理的动物。孟子说："圣人，人伦之至也。"他以为人之所以异于禽兽者，在于其有人伦。他说："人逸居而无教，则近于禽兽。"教是什么呢？即"父子有亲，君臣有义，长幼有序，夫妇有别，朋友有信"。在这些方面均至者，即均能达到完全的程度者，是圣人。孟子这种说法，与亚力士多德的说法，其主要点是相同的。

在此点，孟子及亚力士多德所说，我们可以同意。不过我们虽仍可以说，"圣人，人伦之至也"，但我们以为，人伦不限于是旧说中的五伦：君臣，父子，夫妇，兄弟，朋友。此五伦虽亦是人伦，但是某种社会的人伦，而不是社会的人伦。有社会必有人伦，但不必有某种人伦。苏联的人相称为"同志"，同志亦是一伦，此一伦虽非旧说的五伦中所有，然亦是人伦也。在某种社会内的人，尽某种的人伦，即是圣人。用亚力士多德的意思说，人的要素，即在其是伦理的，能尽乎此要素者，即能尽乎人的形式。能尽乎人的形式者，即是圣人。

所谓理性有二义：就其一义说，是理性的者是道德的，就其另一义说，是理性的者是理智的。西洋伦理学家所说与欲望相对的理性，及宋明道学家所谓理欲冲突的理，均是道德的理性。西洋普通所说与情感相对的理性，及道家所谓以理化情的理，均是理智的理性。

说人是理性的动物，此"是理性的"，可以兼此二义。人之所以异于禽兽者，在其有道德的理性，有理智的理性。有道德的理性，所以他能有道德的活动。有理智的理性，所以他能有理智的活动，及理智的活动。所以说人是理性的动物，可以包括人是政治的动物。所以我们于以下专就人是理性的动物说。

尊理性

理智"的"活动，与理智"的"活动不同。理智的活动，是人的活动受理智的指导者。理智的活动，是理智本身自己的活动。例如人见天阴而出门带伞，是理智的活动。算算学题是理智的活动。理智的活动可以是与一个人的生活全体有关者，而理智的活动则只是人的各官能中的一官能的活动。

人之所以异于禽兽者，即在其是理性的。因其是理性的，所以他能有文化，有了文化，人的生活才不只是天然界中的事实。《易传》说："有夫妇然后有父子，有父子然后有君臣，有君臣然后有上下，有上下然后礼义有所措。"禽兽，即人以外的别的动物。禽兽的生活，是天然界中的事实。它的生活，是本能的自然的活动，而不是理性的自觉的，有意的努力。它有天然界中的男女之交，而无文化界中的夫妇关系。它有天然界中的传代生育，而无文化界中的父子关系。

有些动物，如蜂蚁等，亦有社会的生活，所以朱子说蜂蚁亦有君臣。但它的社会的生活，亦是本能的自然的活动。它虽有社会的生活，而不自知它有社会的生活。它虽如此如此地生活，而不自知如此如此的生活的意义是什么。所以它的君臣，亦不是文化界中的君臣关系。必有文化界中的夫妇等关系，"然后礼义有所措"。言必有此等关系，然后始有文化可说也。文化出于人的理性的活动。如社会的组织，道德的规律等，出于人的道德的理性。科学技术等出于人的理智的理性。人之有文化，证明人是理性的动物。

或说，无论就理性的哪一义说，人不见得完全是理性的。若人都完全是理性的，则世界上应没有不道德的人，亦没有不聪明的人，但事实上这两种人是很多的。于此，我们说：说人是理性的动物，并不是说人是完全地理性的动物。在实际的世界中，没有完全的东西。说这个东西是方的，并不是说它是完全地方的；说这个东西是圆的，并不是说它是完全地圆的。在实际的世界中，没有方的东西是完全地方，亦没有圆的东西是完全地圆。这都是

尊理性

以绝对地方或圆为标准说。说人的"是理性的"是不完全的，亦是以绝对地"理性的"为标准说。就此标准说，人的"是理性的"当然是不完全的。

并且，人不但是人，而且是动物，是生物。他固然是"理性的"动物，但亦是理性的"动物"。他有一切动物所同有的，生理的、心理的要求。而这些要求，在有些时候，不见得不与理性相冲突。人有时为其理性所统治，有时为一切动物所同有的某要求所统治。人虽有理性，而就其本来说，其行为不见得常完全为理性所统治。由此方面看，我们亦可以见人何以不是完全地理性的动物。

但就另一方面说，人虽都不是完全地理性的动物，但亦没有人完全无理性，或完全是非理性的。没有人能离开社会生活。人的生活都多少必须是社会的生活。社会的生活都多少必须是道德的生活。没有完全不道德的人能有社会的生活者。这一点我们于上文绪论中已经证明，下文还要提及。无论我们赞成孟子的或荀子的对于人性的学说，我们都必须承认，个个人都能讲道德，行道德。这个"能"即证明个个人都多少有道德的理性。

就道德的理性说是如此，就理智的理性说亦是如此。人的活动，大部分都是理智的活动。我看见天阴，知道或者要下雨，若于此时出门，我即带伞。这是理智的活动。我上银行取钱，与银行算账，更是理智的活动。一个完全不能有理智的活动的人，若没有别人保护他，是不能生活的。理智的活动，对于人的生活，固然不必有如此密切的关系，亦或许有些人不能有理智的活动，但人皆有理智的活动，这一点即可证明人皆有理智的理性。

无论就理性的哪一义说，人都是理性的，而不完全是理性的。但完全地是理性的却是人的最高的标准，所以人必自觉地，努力地，向此方面做。自觉地，努力地向此方面做，即是"做人"。

宋明道学家说人之所以异于禽兽者时，他们注重在人的道德方面。而我们说人之所以异于禽兽者时，我们不只注重在人的道德方面，而亦注重在人的理智方面。西洋人说人是理性动物时，他们注重人的理智的理性。我们说人是理性动物时，我们不只注重人的理智的理性，而亦注重人的道德的理性。宋明道学家所谓"人之至者"，是在道德方面完全的人，而我们所谓"人之至者"是在道德方面及理智方面完全的人。

我们所讲的生活方法，注重人的道德的活动，亦注重其理智的活动。或可问：如此二者有冲突时，则将如何解决？于此，我们说，专就人的道德的活动及其理智的活动说，此二者有无冲突，虽是问题，但即令其可有冲突，但在我们所讲的生活方法中，则不会有问题。因为我们所讲的生活方法是不与道德的规律冲突的。我们所讲的生活方法，虽可以是非道德的，而不会是不道德的。所以照我们所讲的生活方法而生活的生活，不能是不道德的。在我们所讲的生活方法内，不能有与道德活动冲突的活动。

我们所讲的生活方法为什么必是不与道德的规律冲突的？有没有一种生活方法，是与道德的规

166

律冲突的？如果一种生活方法，是所有的人都用或都可用者，则此生活方法，必是不与道德的规律冲突的。因为道德的规律是社会组织所必须的。有了道德的规律，才能有社会。若果所有的人都打算不照着道德的规律生活，则即没有了道德的规律。没有了道德的规律，即没有社会。没有了社会，人即不能生活。不能所有的人，都不照着道德的规律生活，所以亦没有与道德的规律冲突的生活方法，为所有的人都用或都可用者。我们所讲的生活方法是所有的人都用或都可用者，所以必须是不与道德的规律冲突者。

或可问：盗贼的行为是不道德的，但事实上很少的地方没有盗贼。盗贼岂非是完全不照着道德的规律生活？盗贼岂非有其完全与道德规律冲突的生活方法？所谓盗亦有道者，其"道"正是其生活方法也。照我们的看法，盗贼亦是社会中的人，他亦须在社会内生活，因之他的盗贼的行为，虽与道德的规律冲突，而他的生活却并非完全与道德的规

尊理性

律冲突。盗贼，只其偷人或劫人的行为，是与道德的规律冲突的。除此之外，其余的生活，并不都是如此。例如，盗贼所偷来或劫来的东西，必要拿去当卖，得来的钱，必要拿去买米面酒肉，这些都是社会的行为，都是不与道德的规律冲突的行为。一个绑票的土匪，虏人勒赎，亦必"言而有信"。不然，以后即没有人去赎票了。所谓"盗亦有道"，都是此类。此类的"道"亦是道德的。再从另一方面说，盗贼们亦自有其团体，其团体亦自是一社会。在其社会内，他们的道德的规律，往往更严。他们的生活，更须是与道德的规律不冲突的。

我们所要讲的生活方法，虽其中有些不一定是道德的，但照我们所要讲的生活方法而生活的生活，就其整个说，却是道德的，至少不是不道德的。照我们所讲的生活方法而生活的生活是道德的，亦是理智的。照以上所说，实际上没有人的生活，不多少是道德的，亦是理智的。在道德方面，及理智方面均完全的人，即是圣人。照着圣人的标准"做"者，即是"做人"。

以上所说，是我们在此篇的主要的意思。还有一点，我们于此可附带说及。在现在的时论中，颇有一些人，反对理性。他们以为中国人太尊重理性，所以遇事缺乏一种热情。因为如此，所以中国人不能冒险，不能牺牲。因为做这些事，要靠一种冲动，用旧的说法，要靠一股气。《儿女英雄传》中说，十三妹要自杀，但一把没摸着刀，她的气即泄了，因为自杀，仗个干脆。于此我们说，中国人不能做冒险或牺牲的事，是不是事实，我们不论。我们于此只指出，有一种冲动或一股气者，虽能做冒险或牺牲的事，但做冒险或牺牲的事，不必皆须要一种冲动或一股气。此即是说，所谓冲动或一股气，虽是做冒险或牺牲的事的充足条件，而却不是其必要条件。

人凭其道德的理性的命令，或理智的理性的判断，亦可做冒险或牺牲的事。而如此做冒险或牺牲的事，是更合乎人之所以为人者，是更可贵的。旧说：

169

尊理性

"慷慨捐生易，从容就义难。"凭一种冲动或一股气以牺牲者，即所谓慷慨捐生也。凭道德的理性的命令，或理智的理性的判断以牺牲者，即所谓从容就义也。在中国过去及现在的历史中，从容就义的人实在多得很。即在西洋历史中说，如柏拉图所描写的苏格拉底的死，亦是从容就义的极则。这些行为都是理性的行为，而不是只靠所谓热情的冲动的行为。

或可说：这种行为，虽是可能而却是难能的，不是人人皆能行的。于此，我们说：我们所说的生活方法，是求完全的生活所用的方法。完全的生活本来是难能的，但虽是难能的，我们却必须以之为我们的生活的标准。

时论中还有举别的理由，以反对理性者。但我们若了解上述的一点，则这些时论的错误，是不难看出的。

1940年《新世训》。

为无为

在中国哲学里，无为二字有许多意义。照一个意义讲，无为即是少为或寡为。如先秦的道家，在社会政治方面，主张"返朴还淳"，在个人生活方面，主张"少私寡欲"。此所谓无为均是这一意义的无为。人是动物，即"望文生义"，我们亦可知人不能免于动，动即是为。至少吃饭睡觉这一种的动，这一种的为，总是有的。人不能完全不动，即不能完全无为，所以这一意义的无为，即是少为或寡为。不曰少为或寡为而曰无为者，不过是有些人欲以这两字的字面的意义，表示少为或寡为之极端

171

的说法而已。

照另一意义讲，无为即是率性而为，不有意地为。照道家的说法，万物皆有所可，有所不可，有所能，有所不能。人亦是如此。人若照着他所能去为，即是不有意地为，率性而为。不有意地为，率性而为，即是无为。这一意义的无为，魏晋道家讲得最清楚。照郭象《庄子注》的讲法，一个天才诗人，虽写千万首诗，亦是无为。因为他写诗是他的天才的自然发展，行乎其所不得不行，止乎其所不得不止，不是矫揉造作地要作诗。一个斗方名士，虽写一首诗，亦是有为。因为他写诗是矫揉造作地要写诗。他矫揉造作地要写诗，以求人家称他为诗人，赞他为风雅。魏晋道家仍沿用先秦道家所谓"返朴还淳"等语，不过他们所给与此等语的意义，则与先秦道家不同。一个天才诗人虽写千万首诗，亦是朴，不是文。一个斗方名士，虽只写一首诗，亦是文，不是朴。

照另外又一意义讲，无为即是因势而为。一

个人或一个社会，能随着时势走的，即是无为；不随着或逆着时势走的，即是有为。用现在的话说，随着时代潮流走的是无为，不随着或反着时代潮流走的，是有为。我们常说"顺水推舟"及"水到渠成"。顺着时势走，如"顺水推舟"，推舟的人是不费力的，所以是无为。不顺着时势或逆着时势走，如"逆水行舟"，行舟的人是费力的，所以是有为。顺着时势走，如水到而渠自成，不必特意费力于造渠，所以是无为。不顺着时势走或逆着时势走，如水已到而硬不让其成渠，硬不让是费力的，所以是有为。

照再另外的一意义讲，无为即是顺理而为。这一点《庄子·养生主》有很清楚的说法。《庄子·养生主》说，庖丁的刀，用了十九年，解了数千牛，"而刀刃若新发于硎"。牛身上有天然的腠理，即所谓天理。庖丁始学解牛的时候，他看不见这些天然的腠理，他只看见一个整个的牛。三年之后，他一见牛即见这些腠理，他所看见的是一个浑身都是漏洞

为无为

的牛，而不是一个整个的牛。于是他解牛，即从这些漏洞处下手，所谓"依乎天理，因其固然"。所以他虽解许多牛，而刀刃不伤。因为漏洞的地方，是"有间"，而刀刃是"无厚"，以无厚入有间，不费丝毫之力。他这解牛，即是依理而为。如此的为，可以不费丝毫之力，所以是无为。

普通的庖人，于解牛之时，并看不见牛身上的漏洞，只看见一个整个的牛。牛对于他是浑然一体，所以他于解牛时，简直不知如何下手。不知如何下手而又不得不下手，只得拿刀乱砍一阵，不是砍着骨，便是砍着筋，所以费力而刀亦吃亏。他解牛不是"依乎天理，因其固然"，即不是顺理而为。他因此费力而刀亦吃亏。就其费力而刀亦吃亏说，他的为是有为。《庄子·达生》篇说：吕梁丈人善游水，其方法是"从水之道而不为私焉"。这亦是说顺理而为。我们常说善游水者为精通水性。通水性则能顺水性而游。能顺水性者，不费力而游，其游是无为。不顺水性者，费力而或不能游，

174

其费力是有为。推到别的人事上，亦常有这种情形。有些人办事，事一到手，即看出事的漏洞，不费力即将事解决。

有些人办事，只看见一堆事，而看不见漏洞，只见事横在前，而无路可走。无路可走，而又不能不走，于是瞎闯乱撞，费尽气力而仍是走不动。俗语说："会者不难，难者不会。"会者不难，是无为而为；难者不会，是有为而为不成。

照再另外一意义讲，无为即是无为而无不为。先秦道家所讲道的无为，是此意义的无为。道无为而任万物之自为，所以他虽无为而实无不为。法家所说的无为，亦是此意义的无为。君无为而任臣下之自为，所以他亦虽无为而实无不为。

孔子虽说："无为而治者，其舜也欤？"但此后儒家不说无为。以后儒家说："正其谊不谋其利，明其道不计其功。"此话虽是董仲舒说的，比较晚出，但确可表示儒家对于"为"的态度。儒家对于"为"的态度，不是"无为"，而是"无所为

175

为无为

而为"。如因一事是对于个人有利，或有功，而为之，则此为是有所为而为。利或功即是此为之所为。如因一事是应该为而为之，则此为是无所为而为。无所为而为，与无为不同。但一个人若真能无所为而为，则亦可以得到一种无为。宋明道学家所说的无为，即是属于这一类的无为。宋明道学家，陆王一派说无为，是就心说。

程明道说："天道无心而成化，圣人有心而无为。"又说："君子之学，莫若廓然而大公，物来而顺应。"孟子说："今人乍见孺子将入于井，皆有怵惕恻隐之心，非所以内交于孺子之父母也，非所以要誉于乡党朋友也，非恶其声而然也。"这一段话是宋明道学家所常引用的。用这一段所说的事作例。一个人乍见孺子将入于井，皆有怵惕恻隐之心。他所以如此，并不是要内交于孺子之父母等，并不是有所为。于此时他的心是廓然大公的，他的廓然大公的心，感觉到怵惕恻隐，即向前救此孺子。此即所谓物来顺应。有恻隐之心，以及向前救此孺子，皆是无所为而为。如有所为而为，用宋明道学家的话，即是有私意，有私意则此心即不是廓然大公的了。心不是廓然大公的，则其发出的行为，即不是"顺应"，即有私意造作，有私意造作是有为，无私意造作是无为。

宋明道学家中，程朱一派说无为，是就理说。朱子说："廓然大公，只是除却私意，事物之来，顺他道理应之。"又说："至于圣人则顺理而已，复何为哉！"此无为是就理说。照朱子的说法，就道德方面说，对于每一种事都有一个最好的，最妥当的办法。此办法即是理，照着理去办是顺理，顺理是无为。若于顺理外另有所为，即是有私意，有私意造作是有为，无私意造作是无为。此所说无为，与道家所说顺理而为的无为，有相似处。

我们于本篇所要多讲者，是无所为而为的无为。道家所说率性而为的无为，实则亦是无所为而为的无为。不过道家所说率性而为的无为，注重在兴趣方面。而儒家，如宋明道学家，所说无所为而

为无为

为的无为，则注重在道德方面。我们于以下讲无所为而为的无为，亦从两方面说，一方面从兴趣说，一方面从道德说。以下先从兴趣方面，说无所为而为的无为。

小孩子的游戏，最有无所为而为的精神。在游戏中，小孩子做某种事，完全由于他的兴趣。他可以写字，但他并非欲成一书家。他可以画画，但他并非欲成一画家。他更非欲以写字或画画，得到所谓"世间名利恭敬"。他写字或画画，完全是无所为而为。他做某种事，完全是乘兴，他兴来则做，兴尽则止。所谓"行乎其所不得不行，止乎其所不得不止"。他做某种事皆是顺其自然，没有矫揉造作，所以他做某种事，是无所为而为，亦即是无为。

当小孩子时候的游戏，是人的生活中的最快乐的一部分。道家的理想的生活，即是这一类的生活。道家以为成人所以不能得到这一类的生活者，乃因受社会中各种制度的束缚。我们若能打破此种束缚，则此种生活即可得到。我们亦以为这种生活，是快乐的，亦可以说是理想的生活，但社会各种制度的束缚，却并不是容易打破者。这些束缚，不容易打破，并不是因为人的革命的勇气不够，而是因为有些社会制度是任何种的社会的存在，所必需的。若打破这些，即取消了社会的存在。社会若不能存在，人亦不能存在。此即是说，若没有社会，人即不能生活，更说不到快乐的生活。道家以为，上所说无为的生活是快乐的，这是不错的。道家又以为，人在社会中，因受社会制度的束缚，以致人不能完全有这种生活，这亦是不错的。但道家因此即以为人可以完全不要社会制度，以求完全有这种生活，这是一种过于简单的办法，是不可行的。

照道家的说法，无论任何人总有他所感觉兴趣的事。我们看见有些人，于闲暇时，什么事都不做，而蒙头大睡，或坐在那里胡思乱想，似乎是对于什么事都不感觉兴趣。而实在是他对于蒙头大睡，或胡思乱想，感觉很大的兴趣。既然任何人对于有些事总感觉兴趣，如果任何人都照着他的兴趣

为无为

去做，则任何人都过着最快乐的生活，"各得其所"，真是再好没有的。或者可以问：如果人人都对于蒙头大睡感觉兴趣，如随其兴趣，则都蒙头大睡去了，又有谁去做事呢？人人都不做事，岂不大家都要饿死？道家于此可答：决不会如此的。有许多人对于蒙头大睡，不感觉兴趣，如叫他终日蒙头大睡，他不但不以为乐，而且以为苦。这些人如没有事做，反觉烦闷。所以有些人要"消闲"。所以要消闲者，即有些人有时感到闲得无聊不可耐，故须设法找点事做，将闲消去。忙人找闲，而闲人则找忙，所以虽任何人都随着他的兴趣去做，天下事仍都是有人做的。

这是一个极端的说法。照这个极端的说法，自然有行不通，不可行之处。有些事是显然不容易使人感觉兴趣的，如在矿井里做工等。然而这些事还不能不有人做。在社会里面，至少在有些时候，我们每人都须做些我们所不感觉兴趣的事。这些事大概都是社会所必需的，所以我们对于它虽不感觉兴趣，而亦必须做之。社会是我们的生存所必需的，所以我们对于社会，都有一种起码的责任。这种起码的责任，不见得是每个人所皆感觉兴趣的。所以主张人皆随其兴趣去做的极端说法，如道家所说者，是不可行的。

不过这种说法，如不是极端的，则是可行的。这种说法，在相当范围内，我们不能不说是真理。

在以前的社会制度里，尤其是在以前的教育制度里，人以为，人的兴趣，只有极少数是正当的。在以前的教育制度里，人所应读的所谓"正经书"，是很有限的。五经四书是大家所公认的"正经书"。除此之外，学举业者，再加读诗赋八股文，讲道学者，再加读宋明儒语录。此外所有小说词曲等，均以为是"闲书"。看闲书是没出息的事，至于作闲书更是没有出息的事了。在以前的社会制度里，尤其是在以前的教育制度里，人以为，人的兴趣，多数不是"正当的"。因此有多少人不能随着他的兴趣去做，以致他的才不能发展。因此

为无为

不知压抑埋没了多少天才，这是不必讳言的。

　　说到此，我们须对于才有所说明。与才相对者是学。一个人无论在哪一方面的成就，都靠才与学两方面。才是天授，学是人力。比如一个能吃酒的人，能多吃而不醉。其所以能如此者，一方面是因为他的生理方面有一种特殊的情形，又一方面是因为他常常吃酒，在生理方面，养成一种习惯。前者是他的才，是天授；后者是他的学，是人力。一个在某方面没有才的人，压根不能在某方面有所成就，无论如何用力学，总是徒劳无功。

　　反之，在某方面有才的人，则"一出手便不同"。他虽亦须加上学力，方能有所成就，但他于学时，是"一点即破"。他虽亦用力，但此用力对于他是有兴趣的。此用力对于他不是一种苦事，而是一种乐事。例如学作诗，旧说："酒有别肠"，"诗有别才"。此即是说，吃酒作诗，都靠天生的才，不是仅靠学的。我们看见有些人压根不能作诗。他可以写出许多五个字或七个字的句子，平仄韵脚都不错，他可以学新诗人写出许多短行，但这些句子或短行，可以一点诗味都没有。这些人即是没有诗才的人，他无论怎样学诗，我们可以武断地说，他是一定不能成功的。另外有些人，初学作诗，写出的句子，平仄韵脚都不合，而却诗味盎然。这些人是有诗才的人，他有希望可以成为诗人。

一个人必须在某方面有才，然后他在某方面的学，方不至于白费。一个人在某方面的学，只能完成他在某方面的才，而不能于他原有的才上，有所增加。一个有诗才的人，初学作诗时，即有些好句，这是他的才的表现。普通以为于此人学成的时候，他必可以作更好的句。其实这是不对的。他学成时，实亦只能作这样的好句。所差别的是：在他初学的时候，他所作的诗，有好句，却亦有极不好，或极不通的句。在他学成的时候，他所作的好句，虽亦不过是那么好，但却无极不好，或极不通的句。他所作的所有的句，虽不能是都好，但与好句放在一起，却都可以过得去。有好句是他的才的

为无为

表现，好句以外的别的句，都可以过得去，是他的学的表现。他的学可以使他的所有句子都过得去，这是他的学能完成他的才；他的学不能使他的好句更好，这是他的学不能使他的才有所增益。所谓神童，不见得以后皆能有所成就者，即因他的以后的学，不能使其才有所增加。他于童时所表现的才，与童子比，虽可称为高，但以后若不能增益，则与成人比，或即是普通不足为奇的。

一个人在某方面的才，有大小的不同。"世间才有一石，曹子建独得八斗"，此是说，曹子建在文学方面，有很大的才。在某方面有很大的才者，我们称之为某方面的天才，如文学的天才、音乐的天才、军事的天才等。

道家重视人的才，以为只要人在某方面有才，即可以不必学，而自然能在某方面有所成就。不学而自能，即所谓无为。道家这种看法，是不对的。我们承认，人必在某方面有才，始能于某方面有成就。但不承认，人只在某方面有才，即可在某方面有成就。人在某方面有才，是他在某方面有成就的必要条件，而不是其充足条件。例如一个在作诗方面质美而未学的人，虽可以写出些好句，但他所写的别的句，却有极不好或极不通的。他仍是不能成为诗人。凡能在某方面有成就的人，都是在某方面有才又有学的人。其成就愈大，其所需的才愈大，学愈深。

在某方面有才的人，对于某方面的事必感觉兴趣。因此他的学是随着他的兴趣而有的。他的学是随着他的兴趣而有，所以他求学是无所为而为的。他对于他的学，虽用力而可只觉其乐，不觉其苦，所以他虽用力地学，而亦可说是无为。

才是天生的，所以亦可谓之为性。人的兴趣之所在，即其才之所在，亦即普通所谓"性之所近"。人随他的兴趣去做，即是发展其才，亦即是道家所谓率性而行。若一个人对于某方面的事，本不感觉兴趣，或甚感觉无兴趣，但因别的原因，而偏要做此方面的事，此即不是率性而行，是矫揉造

185

为无为

作。例如一个人作诗，本不感觉兴趣，或甚感觉无兴趣，但因羡慕别人因作诗而得名誉或富贵，所以亦欲学作诗，要当诗人。其学诗即不是率性而行，是矫揉造作。他因羡慕诗人之可得名誉或富贵而作诗，所以他作诗是有所为而为。他作诗是矫揉造作，所以他作诗是有为。

或可问：一个人对于某一事虽有兴趣，虽有才，而其才若不甚高，所以他虽随着他的兴趣去做，而不能有很大的成就，不能成一什么家，则将如何？于此，我们可以说，凡做一某事，而必期其一定有大成就，必期其成一什么家者，仍是有所为而为也。一个人若真是专随其兴趣去做，则只感觉其所做者有兴趣，而并不计其他。他做到哪里算哪里，至于其所做如何始为很大的成就，如何始为什么家，他是不暇问的。

譬如我们吃饭，直是不得不吃耳，至于饭之吃下去如何于身体有益，则吃饭时不暇问也。我们常看见有许多什么"迷"，如"棋迷""戏迷"等。棋

186

迷为下棋而下棋，戏迷为唱戏而唱戏，他们对于下棋或唱戏，并不预存一为国手或名角的心；他们的下棋或唱戏，是随着他们的兴趣去做的。他们的下棋或唱戏，是无所为而为。他们对于下棋或唱戏，虽刻苦用功，然亦只觉其乐，不觉其苦，故亦是无为。凡人真能随其兴趣去做者，皆是如此。他们随着他们的兴趣做下去，固然可以有成就，可以成为什么家，但这些对于他们只是一种副产；他们并不是为这些而始做某种事的。

所谓什么家的尊号，是表示社会对于一人在某方面的成就的承认。例如一个人在化学方面做了些工作，如社会认其为有成就，则称之为化学家。所以凡必期为什么家者，推其故，仍是欲求社会上的荣誉。为求社会上的荣誉而做某种事者，其初心即不是从兴趣出发，其做某种事即是有所为而为，其对于某种事所用的工夫，对于他即是苦痛，即是有为。

或可问：一个人的兴趣，可以与他的成就不一致。例如一个大政治家，可以好音乐图画等。就其

为无为

成为大政治家说，他的才是在政治方面见长的。但他的兴趣，又在于音乐图画，是其兴趣与其才，并不是一致的。关于这一点，我们可以说，有些人的才是一方面的，有些人的才，则是多方面的。一个人是大政治家而又好音乐图画，此可见，他在政治方面及艺术方面均有才。因为有些人的才是多方面的，所以他一生所好的事物，可以随时不同，如一人于幼年时好音乐图画，及壮年又好政治。盖人在各方面的才，有些于其一生中某一时期表现，有些于其一生中另一时期表现。他在某一方面的才，在其一生中某一时期表现，他即于某一时期，对于某种事物，感觉兴趣。

或可问：如果一个人的兴趣，可以随时变动，如果他又专做他所感觉兴趣的事，则他所做的事，岂非需要常变？如果他所做的事需要常变，则他对于他所做的事，恐怕都不能有所成就。于此点，我们说：凡做什么而期其必有成就者，即是有所为而为，即不是率性而行。率性而行者，对于其所做之事，虽可有成就，但不期其有成就，更不期其必有成就。此点我们于上文已说。

在道家所说的理想的生活中，一个人只做他所感觉有兴趣的事。在道家所说的理想的社会里，所有的人都只做他所感觉有兴趣的事。如果这种生活，这种社会，事实上可以得到，这诚然是最理想的。不过这种生活，这种社会，事实上不是可以完全得到的。其理由有几点可说。就第一点说，在一个人的生活中，有些事在根本上只是一种工具，为人所用以达到某种目的者，其本身是不能使人感觉兴趣的。人做这些事，只能是有所为而为，不能是无所为而为。例如吃药，没有人无所为而吃药，但吃药亦是人生中所不能免者。就第二点说，每一社会中的人，必对于其社会负相当的责任，必于相当范围内，分担社会的事，至少亦应该于相当范围内，分担社会的事。没有人能生存于社会之外。所以没有人能不，或应该不，于相当范围内，分担社会的事。对于此等事，有些人固亦感觉兴趣，但亦有些人不感觉兴趣，或甚感觉无兴趣。不过对于这些事，有些人虽不感觉兴趣，或甚感觉无兴趣，而亦不能不做，亦不应该不做。就第三点说，有些人所感觉兴趣的事，有些是为社会所不能不加以限制的。社会对于这些事，若不加以限制，则必与别人发生冲突。因此有些人对于这些事，虽有很大的兴趣，而不能做，或不能充分随意地做。因以上诸点，所以道家的理想的生活，理想的社会，事实是不能完全得到的，至少是很不容易完全得到的。

这种生活，这种社会，虽不能完全得到，或不容易完全得到，但我们却不能不承认这是合乎我们的理想的。在我们生活中，我们所做的事，其无所为而为者越多，我们的生活即越近乎理想。在我们的社会中，一般人所做的事，其无所为而为者越多，则其社会即越近乎理想。

以上所说由无所为而为而得的无为，是就兴趣方面说，所说大部分是道家的意思。以下再就道德方面说，由无所为而为而得的无为，所说大部分是

190

儒家的意思。

　　道家与儒家都说，人做事要无所为而为。这一点是道家与儒家之所同。不过道家说无所为而为，是就兴趣方面说，儒家则是就道德方面说。此是道家与儒家之所异。《论语》载有子路与隐者荷蓧丈人一段谈话。荷蓧丈人为什么要隐，我们虽不清楚，不过他很可以说，因为他对于政治不发生兴趣，所以他不"仕"。子路却完全不从兴趣方面讲。他说："君子之仕也，行其义也；道之不行，已知之矣。"他说：君子要仕，因为他以为君臣大伦是不可废的，所以应该仕，并不是因为他的兴趣在于仕，亦不是因为他以为仕了一定有什么成功。我们现在亦有些所谓消极分子者，他们常说，他们对于社会上政治上的事，不发生兴趣，所以不管社会上政治上的事。但所谓积极分子者则可说：我们对于社会上政治上的事，亦不见得有兴趣，不过因为我们以为这是我们应该管的，所以我们不能不管。这种说法，即是儒家的说法。因应该为而为某事，

191

为无为

此为亦是无所为而为。此为亦是一直做去，只管应该为不应该为，而不计其他。所谓"正其谊不谋其利，明其道不计其功"，正说此义。

说到此，我们必须注意，一个个人及一个国家，是不在一个层次之内的，所以无所为而为，只可对于个人说，而不可对于国家说。国家并不是一个生物，对于任何事物，我们并不能真正地，严格地，说它感觉兴趣或不感觉兴趣。它不能随其兴趣而无所为而为。在国家以上，并没有更高的社会组织，它对于什么事，亦无所谓应该为或不应该为。所以它亦不能在道德方面无所为而为。国家的行为，都是有所为而为，在这一方面说，它的行为都是有为。虽然在别的方面说，它的行为亦可是无为，如它可少为或寡为，可因势而为，顺理而为等。

因为有如此的分别，所以一个人的谋国，与他的自谋，必须用完全不相同的看法，用完全不相同的精神。

一个人做事，可以只问事应该做或不应该做，

192

应该做即做，不应该做即不做，不必计较他自己是将因做此事或不做此事而得利或受害。他只问应该做不应该做，不计较利害，此即是无所为而为。但一个人谋国，对于一个关系国家的事，却须要问此事是于国家有利或有害。关系国家的事，所谓应该做不应该做，实即是有利或有害的别一种说法。一国的行为，完全是趋利避害，完全计较利害，所以其为皆是有所为而为。

诸葛亮《出师表》说："汉贼不两立，王业不偏安。"所以要伐魏，至于其结果，则"成败利钝，非所逆睹"。他的谋国，似乎是只问应该不应该，不计较利害。但他所以冒此险者，乃因他看清偏安是没有出路的。战亦亡，不战亦亡，所谓与其"坐而待亡，孰与伐之"。所以他的谋国，亦是纯从利害方面着眼的。

这一点人常弄不清，所以常有些混乱的言论。例如关于现在的战争，有些人常说人有人格，国有"国格"，我们受了侮辱，不抵抗即失了"国

为无为

格"。我们抵抗为的是争国格。又有些人常用"宁为玉碎，不为瓦全"等话，说我们应该抗战。其实这些话，都只对于个人可以说，而对于国家不可以说。我们的抗战，实在是我们权衡利害的结果，并不是为争什么"国格"。我们宁愿玉碎，实在因为我们知道，没有可以瓦全之道。

关于所谓义利之辨，昔人常有些不必要的辩论。这亦是由于他们对于这一点弄不清楚之故。例如："孟子见梁惠王，王曰：'叟不远千里而来，亦将有以利吾国乎？'孟子曰：'王何必曰利？亦有仁义而已矣。'"孟子与梁惠王讲了许多仁政，其中有一大部分是关于现在所谓经济方面者。有些人说，这不是讲利吗？为什么孟子只许他自己讲利，而不许梁惠王讲利呢？于此点我们说：孟子所以不许梁惠王讲利者，因为梁惠王讲利是自谋。孟子说："王曰：'何以利吾国？'大夫曰：'何以利吾家？'士庶人曰：'何以利吾身？'上下交征利而国危矣。"这样的讲利是自谋。至于孟子讲利，则是谋国。一个人专求国家的利，他的行为是义的行为。求国家的利，对于国家是利，但对于个人，则是义不是利。专就这一方面说，墨家"义，利也"之说，儒家是亦承认的。《易·文言》说："利者，义之和也。"亦是就利的此方面说。

就一个人说，他做事应该只问其是否应该做，而不计较其个人的利害，亦不必计较其事的可能的成败。此即是无所为而为。若做事常计较个人的利害，计较其事的可能的成败，即是有所为而为。有所为而为者，于其所为未得到之时，常恐怕其得不到，恐怕是痛苦的；于其所为决定不能得到之时，他感觉失望，失望是痛苦的；于其所为既得到之后，他又常忧虑其失去，忧虑亦是痛苦的；所谓患得患失，正是说这种痛苦。但对于事无所为而为者，则可免去这种痛苦。孔子说："君子坦荡荡，小人常戚戚。"君子对于事无所为而为，没有患得患失的痛苦，所以坦荡荡；小人有所为而为，有患得患失的痛苦，所以常戚戚。

为无为

坦荡荡有直率空阔的意味。君子做事，乃因其应该做而做之，成败利害，均所不计较。所以他的气概是一往直前的，他的心境是空阔无沾滞的。所谓胸怀洒落者，即是指此种心境说。就其一往直前及其心境空阔无沾滞说，他的为是无为。戚戚有畏缩、勉强、委曲不舒展的意味。小人做事，专注意于计较成败利害，所以他的气概是畏缩勉强的，他的心境是委曲不舒展的。就其畏缩、勉强及其心境委曲不舒展说，他的为是有为。

我们说一个人对于做某事不必计较成败，并不包含说，一个人对于做某事，不必细心计划，认真去做。对于做某事，一个人仍需细心计划，认真去做，不过对于成功，不必预为期望，对于失败，不必预为忧虑而已。事实上对于成功预期过甚者，往往反不能成功；对于失败忧虑过甚者，往往反致失败。不常写字的人，若送一把扇子叫他写，他写得一定比平常坏。这就是因为预期成功、忧虑失败过甚的缘故。《庄子·达生》篇说："以瓦注者巧，以钩注者惮，以黄金注者殙。其巧一也，而有所矜，则重外也。凡外重者内拙。"有所为而为者，所重正是在外。无所为而为者，所重正是在内。

　　一个人一生中所做的事，大概可以分为两部分。一部分是他所愿意做者，一部分是他所应该做者。合乎他的兴趣者，是他所愿意做者；由于他的义务者，是他所应该做者。道家讲无所为而为，是就一个人所愿意做的事说。儒家讲无所为而为，是就一个人所应该做的事说。道家以为，人只需做他所愿意做的事，这在事实上是不可能的。儒家以为，人只应该做他所应该做的事，这在心理上是过于严肃的。我们必须将道家在这一方面所讲的道理，及儒家在这一方面所讲的道理，合而行之，然后可以得一个整个的无所为而为的人生，一个在这方面是无为的人生。

1940年《新世训》。

为无为

守冲谦

假使一个美国人，因有某种成绩，受了别人的夸奖，照美国人的规矩，他对于夸奖他的人的答复，应该是："多谢你的夸奖。"或："多承夸奖，感激不尽。"假使一个中国人，因有某种成绩，受了别人的夸奖，照中国人的规矩，他对于夸奖他的人的答复，应该是："不敢当。"或："毫无成绩，谬承过奖。"在这种情形下，美国人的答复，是承认自己有成绩；而中国人的答复，是否认自己有成绩。自己有成绩，而不认为自己有成绩，此即所谓谦虚。虚并不是虚假的意思。《论语》说："有若无，实

198

若虚。"虚者对实而言。真正谦虚的人，自己有成绩，而不以为自己有成绩；此不以为并不是仅只对人说，而是其衷心真觉得如此，即所谓"有若无，实若虚"。

"自卑而尊人，先彼而后己。"这本是社会所需要的一种道德。社会上的礼，大概都是根据这种道德而有的。无论哪一国家或民族的礼，或哪一种社会的礼，其详细节目或有不同，但其主要的意思，总不离乎"自卑而尊人，先彼而后己"。一个美国人对于夸奖他的人的答复，虽不是自卑，而却是尊人。因为照他的看法，若否认自己有成绩，即是直斥夸奖他的人的错误。直斥人的错误，是无礼的。中国人对于夸奖他的人的答复，虽不是尊人，而却是自卑。所谓"谬承过奖"，即是说："你对于我夸奖太过，你错了。"照美国人的看法，这是很不客气的话。照中国人的看法，这不客气，是为自卑而起，所以虽不客气，而决不会引起对方的误会。

我们常听说，人须有"自尊心"。上所谓自

守冲谦

卑，并不是有自尊心的反面。孟子说："人有不为也，而可以有为。"一个人在消极方面，有有不为之志，在积极方面，有有为之志，这种人谓之有自尊心。无自尊心的人，认为自己不足以有为，遂自居于下流，这亦可说是自卑。不过此自卑不是上所谓自卑。此自卑我们普通称之为自暴自弃。孟子说："舜何人也？予何人也？有为者亦若是。"有这一类的志趣者，谓之有自尊心。在行这一类的志趣的时候，完全用不着与人客气，用不着让。所谓"当仁不让"是也。但在人与人的普通关系中，则彼此之间，需要互让。让是礼的一要素。所谓客气，所谓礼貌，都有让的成分在内，所以我们常说"礼让"。上所谓自卑，是让的表现，并不是自暴自弃。

有些人认为，有自尊心，即是在人与人的普通关系中，以自己为高于一切，这是错误的。有自尊心是就一个人的志趣说。上所谓自卑，是就人与人间的礼让说。二者中间，并没有什么关系。

200

说到让，或者有人以为与所谓斗争，或奋斗等精神不合。这以为又是错误的。所谓斗争，可以提倡者，只能是团体与团体间的斗争，不能是一个团体内的人与人的斗争。有提倡民族斗争者，亦有提倡阶级斗争者，但是没有人提倡，亦没有人能提倡，人与人斗争。这是不能提倡的。所谓不能提倡者，即谓，如有提倡者，其说一定是讲不通的。无论我们赞成民族斗争或阶级斗争之说与否，其说是讲得通的。但如有提倡人与人斗争者，其说是讲不通的。如有人以为，提倡民族斗争或阶级斗争者，必亦提倡人与人斗争，此以为亦是错误的。持此等以为的人可以说是"不明层次"。因为所谓民族或阶级，不是与人在一层次之内的。

　　所谓奋斗者，不过是说，一个人应该努力去做他所应该做的事，或他所愿意做的事。斗字在此，只是一种比喻，并不含有侵害别人的意思，与斗争之斗不同。一个人于不侵害别人的范围内，当然可以，而且应该，努力做他自己所应该做的事，或他

守冲谦

所愿意做的事。这里用不着让，亦实在不发生让或不让的问题。一个人读书，求学问，用不着让别人占先，并且还可以争着占先。但他若因此，而于与别人共饭时，亦抢着吃菜而不让人，则他可说是"不知类"。因为求学问与吃饭，在这一方面，并不是一类的事。

以上所说，是普通所谓谦虚，但就中国的传统思想说，谦虚并不仅只是如此。就中国的传统思想说，谦虚是一种人生态度，其背后有很深的哲学的根据。此哲学根据，一部分即是《老子》及《易传》中所讲的道理。

老子对于人生，有很深的了解。他观察人生，研究人生，发现了许多道理或原则。这些道理或原则，他名之曰"常"。他以为人若知道了这"常"，而遵照之以行，则即可以得利免害。若不知这些常而随便乱作，则将失败受害。他说："知常曰明。不知常，妄作凶。"

在这一点，老子很有科学的精神。科学的目

的，或其目的之一，亦是欲发现宇宙间的许多道理而使人遵照之而行。人若遵照这些道理而行，他可以得到许多利益。我们常说："科学能战胜自然。"就一方面说，它是能战胜自然；就又一方面说，它之所以能战胜自然，正因它能服从自然。

老子所说的话，有许多对于道德是中立的。在这一点，他亦与一般科学家相似。科学家所讲的道理，对于道德是中立的。有些人可以应用科学家所讲的道理做道德的事，有些人亦可以应用科学家所讲的道理做不道德的事。但对于这些，科学家都是不负责任，亦不能负责任的。在有些地方，老子亦只说出他所发现的道理，至于人将应用这些道理做些什么事，老子是不负责任，亦不能负责任的。例如老子说："将欲歙之，必固张之；将欲弱之，必固强之；将欲废之，必固兴之；将欲取之，必固与之。"有人因此说，老子讲阴谋。其实老子并不是讲阴谋，不过阴谋家可应用这些道理，以遂其阴谋而已。

守冲谦

老子说："反者，道之动。"照老子的看法，一某事物，若发展至其极，则即变为其反面，此所谓"物极必反"。《易传》中亦讲这个道理。旧说《易》《老》相通。其相通的主要的一点，即是《易》《老》皆持"物极必反"之说。

海格尔亦说：事物皆含有其自己的否定。若一某事物发展至极，则即为其自己所含有之否定所否定。所以一切事物的发展，都是所谓自掘坟墓。马克思的历史哲学，亦用海格尔此说，不过他不以心或观念为历史的主动力，而以经济的力量为历史的主动力。所以他的历史哲学称为物质史观或经济史观。

一某事物的发展，如何是已至其极？有些事物，其极是对于客观的环境说，有些则是对于主观的心理说。例如马克思说，一个资本主义的社会，若发展至极，则即为其自身所含有之否定所否定，资本主义的社会的发展是"自掘坟墓"。资本主义的社会之极，是对于客观的环境说。所谓客观的环境，亦是一种事物自身所造成的。每一种事物，在其发展的过程中，自身造成一种环境。如这种环境，使此种事物不能继续存在，则此种事物的发展，即已至其极。因为这种环境是这种事物自身所造成的，所以这种环境即是这种事物自身所掘之坟墓，亦即其自身所含有的否定之表现。

就资本主义的社会的发展说，其极是对于其自身所造成的环境说。但就一个资本家的财产的发展说，其极是可对于一个资本家的主观心理说。假使有一个国家的法律，规定一个资本家的财产，不能超过一百万元，则此国内的资本家的财产，如到一百万元，即已至其极，就此方面说，或就类乎此的方面说，一个资本家的财产的发展，亦是对于客观的环境说。不过这一种极是人为的，不是自然的，所以这一种极不必引起反。但假如虽没有这些限制，而一个资本家发财至一百万元时，此人即已志骄意满，以为他已是天下第一富人，而再不努力经营他的工业或商业，如此，则一百万元对于此人，即是其财产之极。到了此极，此人的工业或商

守冲谦

业，即只会退步，不会进步，而其财产亦只会减少，不会增加了。

又譬如一个人有很大的学问，但他总觉得他的学问不够，此人的学问，对于此人，即尚未至其极。此人的学问，即还有进步的希望。另外有一人，虽只读过几本教科书，但自以为已无所不知，无所不晓，此人的学问，对于此人，即已至其极。此人的学问，不但没有进步的希望，而且一定要退步。旧说所谓"器小易盈"即是指这一类的人说。小碗只需装一点水，即至其容量之极。再加水，即要溢出来，此所谓"易盈"也。《易》《老》所谓极，大概都是就这些方面说。

如欲使一某事物的发展，不至乎其极，最好的办法，是使其中先包括些近乎是它的反面的成分。例如一个资本主义的社会，如发展至一相当程度，而仍欲使其制度继续存在，最好的办法，是于其社会中，先行一些近乎是社会主义的政策。如有人问一马克思的信徒，英美等国的资本主义已经很发展了，何以在这些国内，还没有社会革命发生呢？最好的答案是，因为英美等国的资本家，在有些地方，采用了近乎是社会主义的政策，例如工会组织、社会保险、失业救济等，以缓和阶级斗争。英美等国的资本家，与他们的工人的关系，已不是如马克思等所说的那样单纯了。这些资本家，于其资本主义的社会内，先容纳些近乎是社会主义的成分，所以他们可以使他们的制度继续存在，而不至于造成一种环境，使其不能继续存在。这种办法，最为反对他们的人所厌恶，因为这是维持他们的制度的最好办法。共产党人最恨温和的社会主义。因为共产党人主张推翻资本主义的社会，而温和的社会主义反可使资本主义的社会继续存在。

就社会说是如此，就个人说亦是如此。如一个人想教他的事业或学问继续发展进步，他须常有戒慎恐惧之心。人于做事将成功时，往往有志得意满的心；于做事将失败时，往往有戒慎恐惧的心。戒慎恐惧近乎是志得意满的反面。我们说近乎是，

守冲谦

因为志得意满的真正反面，是颓丧忧闷。人若常存戒慎恐惧的心，则是常存一近乎是志得意满的反面的心。所以他的事业，无论如何成功，如何进展，都不是其极。所以他的事业，可以继续发展进步。《易传》说："危者，安其位者也；亡者，保其存者也；乱者，有其治者也。是故君子安而不忘危，存而不忘亡，治而不忘乱，是以身安而国家可保也。《易》曰：'其亡其亡，系于苞桑。'"若一国之人，常恐其国要亡，则其国即安如磐石。正说此义。我们可以说：一个人做事，如常恐失败，他大概可以成功；如常自以为要成功，他大概必要失败。

　　一个人的这种戒慎恐惧的心理，在态度上表现出来，即是谦虚。真正谦虚的人，并不是在表面上装出谦虚的样子，而是心中真有自觉不足的意思。他有这种心，他的事业，自然可以继续发展进步，无有止境。所以《易》谦卦象辞说："天道亏盈而益谦，地道变盈而流谦，鬼神害盈而福谦，人道恶盈而好谦。谦尊而光，卑而不可逾，君子之终也。"

旧说，谓谦卦六爻皆吉，表示人能谦则无往不利的意思。

谦卦象辞以谦与盈相对而言。旧说亦多以为与谦相对者是盈或满。一个人对某一种事觉得满了，即是此种事的发展对于他已至其极了。已至其极，即不能再有发展进步。所以说："满招损，谦受益。"严格地说，与盈或满相对者是冲或虚。老子说："道冲而用之或不盈。"冲是与盈相对者。我们常说，冲谦，谦虚。冲或虚是就一个人的心理状态说。谦是就此种心理状态之表现于外者说。盈或满亦是就一个人的心理状态说。此种心理状态之表现于外者是骄。骄是与谦相对者。骄盈是与谦虚相对者。

以上说，一个人对于他的事业，如常有自觉不足的意思，他的事业即可继续发展进步，无有止境。所以说："高而不危，所以长守贵也；满而不溢，所以长守富也。""高而不危"，即是说，一人之贵，对于他尚不是其极。"满而不溢"，即是说，一人之富，对于他尚不是其极。如一人之富

守冲谦

贵，对于他不至其极，他即可以继续富贵。又如说："学如不及，犹恐失之。"一个人如果常能学如不及，他的学问，自然可以继续进步。反之，如一个人对于他的事业或学问，有了志得意满的心，他的事业或学问，对于他即已至其极，已至其极，即不能再有发展进步了。

以上是就一个人及其事业说。就人与人的关系说，谦亦是一种待人自处之道。人都有嫉妒心，我在事业，或学问等方面，如有过人之处，别人心中，本已于不知不觉中，有嫉妒之意。如我更以此过人之处，表示骄傲，则使别人的嫉妒心愈盛，引起他的反感。大之可以招致祸害，小之亦可使他不愿意承认我的过人之处。所谓名誉者，本是众人对于我的过人之处之承认。我有过人之处，众人亦承认我有过人之处，此承认即构成我的名誉。若我虽有过人之处，而众人不愿意承认之，则我虽有过人之处，而名亦不立。老子说："富贵而骄，自遗其咎。"以富贵骄人，或以学问骄人，或以才能骄

210

人，如所谓恃才傲物者，大概都没有好结果。若我虽有过人之处，而并不以此骄人，不但不以此骄人，而且常示人以谦，则人反极愿意承认我的过人之处，而我的名誉，可立可保。老子说："不自见故明，不自是故彰，不自伐故有功，不自矜故长。夫惟不争，故天下莫能与之争。"正是说上所说的道理。

所以古人以玉比君子之德。所谓"温其如玉"。玉有光华而不外露，有含蓄的意思。我们的先贤，重含蓄而不重发扬。含蓄近乎谦，而发扬则易流为骄。

朱子《周易本义》谦卦卦辞注云："谦者，有而不居之意。"有而不居，本是老子所常说的话。老子说："生而不有，为而不恃，功成而弗居。夫惟弗居，是以不去。""夫惟不居"下又说"是以不去"。"是以不去"是说"有而不居"的好处。此是就利害方面说。我们以上说谦虚的好处，及骄盈的坏处，亦是就利害方面说。若就另一方面说，一个人可以有一种知识或修养，有此种知识或修养者，可以无意于求谦虚而自然谦虚，无意于戒骄盈

守冲谦

而自然不骄盈。

有此种知识或修养的方法有三种。一种是重客观，一种是高见识，一种是放眼界。

先就重客观说。我们知道，某一种事，必须在某一种情形下，方能做成。此某一种情形，我们名之曰势。一时有一时的势，所以势有时称为时势，有时亦称为时。例如飞机的发明，必须在物理学、气象学、机械学已进步到相当程度的时候。在这时候，人对于此各方面的知识，以及各种材料上的准备，构成一种势，在此种势下，人才可以发明飞机。一个人发明了飞机，即又构成了一种势。就此方面说，这是英雄造时势。但他必须在某种势下，才能发明飞机，就此方面说，这是时势造英雄。一个英雄，若能知道，他亦是时势所造，他对于他的事业，即可以有"有而弗居"的心。有"有而弗居"的心，他当然无意于求谦虚，而自然谦虚，无意于戒骄盈，而自然不骄盈。

我们现在的人，可以有许多知识，为前人所

未有者。但我们决不能因此即自以为，我们个人的聪明才力，是超乎古人的。我们所以能如此者，完全因我们的凭借，比古人多，比古人好。譬如我们现在能飞行，古人不能飞行，这完全因古人无飞机，我们有飞机之故，并不是我们的身体，与古人有何不同。有许多事情的成功，是时为之，或势为之，不过时或势总要借一些人，把这些事做了。这一些人，对于做这些事，固然不能说是没有贡献，但若他们竟以为这些事的成功，完全是他们自己的功劳，此即是"贪天之功以为己力"。所谓"功成弗居"，实即是不"贪天之功"而已。不贪天之功者，无意于求谦虚，而自然谦虚，无意于戒骄盈，而自然不骄盈。

再就高见识说，一个人少有所得即志得意满者，往往由于见识不高。一个学生在学校里考试，得了一百分，或是在榜上名列第一。这不过表示，在某种标准下，他算是程度好的。但是，这种标准，并不是最高的标准。若从较高的标准看，他的这一百

守冲谦

分，或第一名，或可以是一文不值。明儒罗念庵于嘉靖八年中了状元。他的岳父喜曰："幸吾婿建此大事。"罗念庵说："丈夫事业，更有许大在。此等三年递一人，何足为大事也。"一个人对于他自己的成就，若均从较高的标准看，则必常觉其不及标准，而自感不足。所谓见识高的人，即有见于此所谓较高的标准，而不屑于以较低的标准，衡量其自己的成就者。旧说，人须"抗志希古"，此即谓，凡做事均须以较高的标准为标准。

凡是古的，都是好的，这固然是旧日的人的一种错误的见解，但旧日的人持这一种见解，也不能说是完全没有根据。以文艺作品为例说，现存的古代文艺作品，实在都是好的。不过这并不是因为古人"得天独厚"，如旧日的人所说者，而是因为这些作品都已经过时间的选择。古代并非没有坏的文艺作品，我们可以说，其坏的作品，至少与现在一样多。不过那些作品，都经不起时间淘汰，而早已到了它们应该到的地方，那即是字纸篓。时间是一位最公平的大选家，经过它的法眼以后，未经它淘汰的，都是好的作品。所以现在留下的古代文艺作品，都是好的，没有坏的。所谓"抗志希古"者，就文艺方面说，即是我们写作，须以经过时间选择的作品为法，我们衡量我们的作品，亦须以这些作品为标准。如果一个人能以韩退之的或苏东坡的作品，为衡量他的作品的标准，他即可见，他的作品如不能达到此标准，即使能在某学校内得到一百分，这一百分实在是不算什么的。如果他有如此的见识，即在某学校内得了一百分，他也决不会志得意满。

即使一个人已能作出如韩退之的，或苏东坡的文艺作品，他还可见，于这些作品之上，还有文艺作品的理想标准，以此标准为标准，即历史上大作家的作品，也还不能都是尽善尽美。大作家于创作时，往往因为一两字的修改，弄得神魂颠倒。可见文艺作品的理想标准，如非不可及，亦是极不易及的。

以上虽只举文艺作品为例，但我们可以说，在

215

守冲谦

人事的各方面，都有如以上所说的情形。旧说："取法乎上，仅得其中；取法乎中，仅得其下。"仍就文艺方面说，以文艺作品的理想的标准为法者，可以成为大作家，如韩苏等。但如以韩苏为法者，则对于韩苏只有不及，不能超过。至于以未经时间淘汰的作品为法者，则其成就，必定是"每况愈下"。

有高见识者，凡事均取法乎上。既均取法乎上，所以他对于他自己的成就，常觉得不及标准，而自感不足。程伊川说："人量随识长。亦有人识高而量不长者，是识实未至也。"以上文之例说之，知学校内定分数的标准，不过是一种标准，是识长也。因此即不以一百分自满，是量长也。所谓量即是容量的意思。器小易盈即是量小。量随识长者，无意于求谦虚，而自然谦虚，无意于戒骄盈，而自然不骄盈。

再就放眼界说。人之所以少有所得，即志得意满者，往往亦由于眼界不阔，胸襟不广。一个三家村里的教书匠，在他村里，在知识方面，坐第一把

216

交椅，他即自命不凡，自以为不可一世。这是由于他的眼界只拘于他的一村以内的缘故。他的眼界既窄，胸襟自然亦狭，所以亦是"器小易盈"。他若能将他的眼界放至他的村外，以及于一乡，一县，他即可知，他的知识，实在有限，而在三家村里坐第一把交椅，实在不算什么了不得的事。若一个人能将他眼界放至与宇宙一样大，他即可见，虽有盖世功名，亦不过如太空中一点微尘。他若有这等眼界，他自然不期谦虚，而自然谦虚，不戒骄盈，而自然不骄盈。

《庄子·秋水》篇说："计四海之在天地之间也，不似礨空之在大泽乎？计中国之在海内，不似稊米之在大仓乎？号物之数谓之万，人处一焉；人卒九州，谷食之所生，舟车之所通，人处一焉。此其比万物也，不似毫末之在于马体乎？五帝之所连，三王之所争，仁人之所忧，任士之所劳，尽此矣！"

《庄子·则阳》篇说："游心于无穷。"宇宙是无穷，把自己的眼界推到与宇宙同大，亦是一种"游

守冲谦

心于无穷"。在这样大的眼界中，无论怎么大的事业学问，都成为渺小无足道的东西了。这些渺小无足道的东西，自然不足介于胸中。胸中无足介者，即所谓胸怀洒落。有如此的眼界，如此的胸襟者，不但自然谦虚，自然不骄盈，而实在是对于如此的人，骄盈谦虚，都不必说了。

《庄子·逍遥游》说："尧治天下之民，平海内之政，往见四子藐姑射之山，汾水之阳，窅然丧其天下焉。"《庄子·大宗师》说："夫无庄之失其美，据梁之失其力，黄帝之亡其知，皆在炉捶之间耳。"为什么尧一见四子，即丧其天下呢？为什么许由炉捶之间，可使无庄失其美，据梁失其力，黄帝亡其知呢？因为四子许由，有一种最大的眼界，最阔的胸襟，使见他们的人，马上觉得自己的渺小，自己的所有的过人之处的渺小。尧本可以平治天下自鸣得意，无庄等本可以其美力等自鸣得意，但于他们的眼界扩大以后，他们即可知他们所有的过人之处，实在是不足道的。

这是庄学的最高义中的一点。宋明儒亦有此类的说法。程明道说："泰山为高矣，然泰山顶上，已不属泰山。虽尧舜之事，亦只是如太虚中一点浮云过目。"《象山语录》中谓："一夕步月，喟然而叹。包敏道侍，问曰：'先生何叹？'曰：'朱元晦泰山乔岳，可惜学不见道，枉费精神，遂自担阁，奈何？'包曰：'势既如此，莫若各自著书，以待天下后世之自择。'忽正色厉声曰：'敏道！敏道！恁地没长进，乃作这般见解。且道天地间有个朱元晦、陆子静，便添得些子？无了后，便减得些子？'"有了朱元晦、陆子静，天地不添得些子，无了亦不减得些子，则朱元晦、陆子静之泰山乔岳，亦不过如太空中一点浮云，又有何骄盈之可言？

或可问：若凡事都从与宇宙同大的眼界看，则人生中的事，岂不是皆不值一做了？关于这一点，我们可以说，我们于"为无为"中说，我们做事，有些事是无所为而为，有些事是有所为而为。就无所为而为的事说，有些事是我们的兴趣之所在。我

219

守冲谦

们做这些事，是随着我们的兴趣，至于这些事是值得做或不值得做，对于我们，本来是不成问题的。譬如小孩骑竹马，他只是愿骑则骑而已，他不问竹马值得骑或不值得骑，实亦不必问值得骑或不值得骑也。有些事是我们的义务之所在。我们做这些事，是实践我们的义务。每个人皆要生活，要生活则不得不尽生活中的义务。若问生活中的义务值得尽或不值得尽，则须先问，生活是值得生活或不值得生活。有些人或以为生活不值得生活，但在他未死以前，他总是要生活的。他既要生活，他即须尽其在生活中的义务。这都是就无所为而为的事说。至于就有所为而为的事说，有些人做事的所为是权利，有些人做事的所为是名誉。如他们因放大了眼界，而觉得这些所为是不值得要的，他尽可不要这些所为，不做这些事，而专做他的兴趣所在及义务所在的事。这对于他，或对于社会，均只有益处，没有坏处。

孔子说："巍巍乎！舜、禹之有天下也，而不与焉。"朱子注说："不与犹言不相关。"《朱子语录》说："不与，只是不相干之义。言天下自是天下，我事自是我事，不被那天下来移著。"又《朱子语录》中论谦卦云："盖太极中本无物，若事业功劳，又于我何有？观天地生万物而不言所利，可见矣。"有些事是我们的兴趣所在，或义务所在者，这些事我们自要做之。但做之而并不介意于因此而来之荣誉或富贵，此即是有天下而不与的胸襟。这种胸襟，亦惟有大眼界者，始能有之。对于有这种胸襟的人，自然亦无须说什么谦虚或骄盈的问题。

1940年《新世训》。

守冲谦

励勤俭

　　一般人说到勤俭，大概都是就一个人的生活的经济方面说。《大学》说："生财有大道，生之者众，食之者寡，为之者疾，用之者舒，则财恒足矣。"就一个社会的生财之道说，是如此。就一个人的生财之道说，亦是如此。就一个人的生财之道说，"为之疾"是勤，"用之舒"是俭。一个人能发大财与否，一部分是靠运气，但一个人若能勤俭，则成一个小康之家，大概是不成问题的。

　　一般人对于勤俭的了解，虽是如此，但勤俭的意义则不仅止于此。例如我们常听说："勤能补拙，俭以养廉。"这两句话中，所谓俭，虽亦可说是就人的生活的经济方面说，但此说俭注重在"养廉"，所以"俭以养廉"这一句话所注重者，是人的生活的道德方面。此句话所注重者是一个人的"廉"，并不是一个人的温饱。至于这两句话中所谓勤，不是就人的生活的经济方面说，至少不是专就此方面说，则是显然的。

这两句话，是旧说的老格言，又是现在的新标语。勤怎么能补拙呢？西洋寓言里说：有一兔子与乌龟竞走。兔子先走一程，回头见乌龟落后很远，以为断赶不上，遂睡了一觉。及醒，则乌龟已先到目的地了。乌龟走路的速度，比兔子差得很远，就这方面说，乌龟是拙。但它虽拙，而仍能走过兔子者，因兔子走路，中途休息，而乌龟则不休息也。此即是"勤能补拙"。《中庸》说："人一能之，己百之；人十能之，己千之。果能此道矣，虽愚必明，虽柔必强。"此所说，亦是"勤能补拙"的意思。这当然不是就人的生活的经济方面说，至少不是专就此

223

方面说。我们于《为无为》中，说到才与学的分别。就"学"说，勤确是可以补拙的。

就俭以养廉说，我们常看见有许多人，平日异常奢侈，一旦钱不够用，便以饥寒所迫为辞，做不道德的事。专从道德的观点看，"饿死事小，失节事大"，"饥寒所迫"并不能作为做不道德的事的借口。但事实上，经济上的压迫，常是一个使人做不道德的事的原因。不取不义之财谓之廉。人受经济压迫的时候，最容易不廉。一个人能俭，则可使其生活不易于受经济的压迫。生活不受经济的压迫者，虽不必即能廉，但在他的生活中，使他可以不廉的原因，至少少了一个。所以说：俭可以养廉。朱子说："吕舍人诗云：'逢人即有求，所以百事非。'某观今人不能咬菜根，而至于违其本心者众矣，可不戒哉。"俭以养廉，正是朱子此所说之意。

由上所说，可知这两句老格言，新标语，是有道理的。不过勤俭的意义，还不止于此。我们于本篇所讲的勤俭是勤俭的进一步的意义。此进一步的意义，亦是古人所常说的，并不是我们所新发现的。

在说此进一步的意义以前，我们对于勤能补拙这一句话，还想作一点补充的说明。勤能补拙这一句话虽好，但它有时或可使人误会，以为只拙者需勤以补其拙，如巧者则无需乎此。不管说这一句话者的原意如何，事实上没有人不勤而能成大功，立大名的。无论古今中外，凡在某一方面成大功，立大名的人，都是在某一方面勤于工作的人。一个在某方面勤于工作的人，不一定在某方面即有成，但不在某方面勤于工作的人，决不能在某方面有成。此即是说，在某方面勤于工作，虽不是在某方面有成的充足条件，而却是其必要条件。有人说：一个人的成功，要靠"九分汗下，一分神来"。九分汗下即指勤说。

我们于以上说"某方面"，因为往往一个人可以于某方面勤，而于别方面不勤。一个诗人往往蓬头垢面，人皆以他为懒，但他于作诗必须甚勤。李长吉作诗，"呕出心肝"。杜工部作诗，"语不惊人死

励勤俭

不休"。他们都是勤于作诗。勤于作诗者，不必能成为大诗人，但不勤于作诗者，必不能成为大诗人。

对于某方面的工作不勤者，不能成为在某方面有成就的人。对于人的整个的生活不勤者，不能有完全的生活。所谓完全的生活者，即最合乎理性的生活，如我们于《绪论》中所说者。用勤以得到完全的生活；我们所谓勤的进一步的意义，即是指此。

古人说："民生在勤。"又说："户枢不蠹，流水不腐。"现在我们亦都知道，人身体的器官，若经过相当时间不用，会失去它原有的功用。一个健康的人，有一月完全不用他的腿，他走路便会发生问题。维持一个人的身体的健康，他每日必须有相当的运动。这是卫生的常识。所谓"民生在勤"的话，以及"户枢不蠹，流水不腐"的比喻，应用在这方面，是很恰当的。

我们可以从身体方面说勤，亦可从精神方面说勤。《易》乾卦象辞说："天行健，君子以自强不息。"《中庸》说："至诚无息。"又说："诚者，

226

天之道也；诚之者，人之道也。"天之道是"至诚无息"，人之道是"自强不息"。这些话可以说是，从精神方面说勤。无息或不息是勤之至。关于这一点，我们于此只说这几句话，其详俟于《存诚敬》中细说。

　　就人的精神方面说，勤能使人的生活的内容更丰富，更充实。什么是人的生活的内容？人的生活的内容是活动。譬如一个人有百万之富，这一百万只是一百万金钱、银钱，或铜钱，并不能成为这一个人的生活的内容。若何得来这些钱，若何用这些钱，这些活动，方是这一个人的生活的内容。又如一个人有一百万册书，这一百万册书，只是一百万册书，并不能成为这一个人的生活的内容。若何得这些书，若何读这些书，这些活动，方是这一个人的生活的内容。我们可以说，只有是一个人的生活的内容者，才真正是他自己的。一个守财奴，只把钱存在地窖里或银行里，而不用它；一个藏书家，只把书放在书库里，而不读它；这些钱，这些书，

励勤俭

与这些人，"尔为尔，我为我"，实在是没有多大的关系。有一笑话谓：一穷人向一富人说：我们二人是一样的穷。富人惊问何故。穷人说，我一个钱不用，你亦一个钱不用，岂非一样？此虽笑谈，亦有至理。

人的生活的内容即是人的活动，则人的一生中，活动愈多者，其生活即愈丰富，愈充实。勤人的活动比懒人多，故勤人的生活内容，比懒人的易于丰富，充实。《易传》说："天行健。"又说："富有之谓大业，日新之谓盛德。""富有"及"日新"，都是"不息"的成就。一个人若"自强不息"，则不断地有新活动。"不断地"有新活动，即是其"富有"；不断地有"新"活动，即是其"日新"。有人说，我们算人的寿命，不应该专在时间方面注意。譬如有一个人，活了一百岁，但每日，除了吃饭睡觉外，不做一事。一个人做了许多事，但只活了五十岁。若专就时间算，活一百岁者，比活五十岁者，其寿命长了一倍。但若把他们

228

的一生的事业，排列起来，以其排列的长短，作为其寿命的长短，则此活五十岁者的寿命，比活一百岁者的寿命长得多。我们读历史，或小说，有时连读数十页，而就时间说，则只是数日或数小时之事。有时，"一夕无话"，只四字便把一夜过去。"有话即长，无话即短。"小说家所常用的这一句话，我们可用以说人的寿命。

对于寿命的这种看法，在人的主观感觉方面，亦是有根据的。在很短的时间内，如有很多的事，我们往往觉其似乎是很长。譬如自七七事变以来，我们经过了许多大事，再想起"七七"以前的事，往往有"恍如隔世"之感，但就时间说，不过是二年余而已。数年前，我在北平，被逮押赴保定，次日即回北平。家人友人，奔走营救者，二日间经事甚多，皆云，仿佛若过一年。我对他们说，"洞中方七日，世上几千年"。此虽一时隽语，然亦有至理。所谓神仙者，如其有之，深处洞中，不与人事，虽过了许多年，但在事实上及他的主观感觉上，都是"一夕无

励勤俭

话"，所以世上虽有千年，而对于他只是七日。作这两句诗者，本欲就时间方面，以说仙家的日月之长，但我们却可以此就生活的内容方面，以说仙家的日月之短。就此方面看，一个人若遁迹岩穴，不闻问世事，以求长生，即使其可得长生，这种长生亦是没有多大意思的。

普通所谓俭，是就人的用度方面说。于此有一点我们须特别注意的，即是俭的相对性。在有些情形下，勤当然亦有相对性。譬如大病初愈的人，虽能做事，但仍需要相当休息。在别人，每天做八个钟头的事算是勤，但对于他，则或者只做六个钟头已算是勤了。不过在普通情形下，我们所谓勤的标准，是相当一定的。但所谓俭的标准，虽在普通情形下，亦是很不一定。一个富人，照新生活的规定，用十二元一桌的酒席请客，是俭，但对于一个穷人，这已经是奢了。又譬如国家有正式的宴会，款待外宾，若只用十二元一桌的酒席，则又是啬了。由此可见，所谓俭的标准，是因人因事而异的。所以照旧说，俭必须中礼，在每一种情形下，我们用钱，都有一个适当的标准。合乎这个标准，不多不少，是俭。超乎这个标准是奢，是侈，不及这个标准是啬，是吝，是悭。不及标准的俭，即所谓"俭不中礼"。不中礼的俭，严格地说，即不是俭，而是啬了。不过怎么样才算"中礼"，才算合乎标准，在有些情形下，是很不容易决定的。在这些情形下，我们用钱，宁可使其不及，不可使其太过。因为一般人的在这方面的天然的趋向，大概是易于偏向太过的方面，而我们的生活，"由俭趋奢易，由奢入俭难"。失之于不及方面，尚容易改正。失之于太过方面，若成习惯，即不容易改正了。所以孔子说："礼与其奢也，宁俭。"此所谓俭，是不及标准的俭。

俭固然是以节省为主，但并不是不适当的节省。一个国家用钱，尤不能为节省而节省。我们经过安南，看见他们的旧文庙，其狭隘卑小，使我们回想我们的北平，愈见其伟大宏丽。汉人的《两都

励勤俭

赋》《二京赋》一类的作品，盛夸当时的宫室，以为可以"隆上都而观万国"。唐诗又说："不睹皇居壮，安知天子尊。"这些话都是很有道理的。不明白这些道理，而专以土阶茅茨为俭者，都是"俭不中礼"。

人不但须知如何能有钱，而并且须知如何能用钱。有钱的人，有钱而不用谓之吝，大量用钱而不得其当谓之奢，大量用钱而得其当谓之豪。我们常说豪奢，豪与奢连文则一义，但如分别说，则豪与奢不同。我们于上文说，用钱超过适当的标准，谓之奢；用钱合乎适当的标准，谓之俭。不过普通说俭，总有节省的意思，所以如有大量的用钱，虽合乎适当的标准，而在一般人的眼光中，又似乎是不节省者，则谓之豪。奢是与俭相冲突的，而豪则不是。奢的人必不能节省，但豪的人则并不必不能节省。史说：范纯仁往姑苏取麦五百斛。路遇石曼卿，三丧未葬，无法可施，范纯仁即以麦舟与之。这可以说是豪举。但范纯仁却是很能俭的人。史称其布衣至

232

宰相，廉俭如一。他又告人："惟俭可以养廉，惟恕可以成德。"这可见俭与豪是不冲突的。

以上说俭，是就用度方面说。此虽是普通所谓俭的意义，但我们于本篇所谓俭，则并不限于此。我们于以下，再说俭的进一步的意义。

《老子》说："吾有三宝，持而宝之。一曰慈，二曰俭，三曰不敢为天下先。慈故能勇，俭故能广，不敢为天下先，故能成器长。"《老子》又说："治人事天，莫如啬。夫惟啬，是谓早服，早服谓之重积德；重积德则无不克；无不克则莫知其极，莫知其极，可以有国；有国之母，可以长久。是谓深根固柢，长生久视之道。"朱子说："老子之术，谦冲俭啬，全不肯役精神。早服是谓重积德者，言先已有所积，复养以啬，是由加积之也。若待其已损而后养，则养之方足以补其所损，不得谓之重积矣。所以贵早服者，早觉其未损而啬之也。"此所谓俭，所谓啬，当然不是普通所谓俭，所谓啬。然亦非全不是普通所谓俭，所谓啬。

励勤俭

普通所谓俭，是节省的意思，所谓啬，是过于节省的意思。在养生方面，我们用我们的身体或精神，总要叫它有个"有余不尽"之意。这并不是"全不肯役精神"，不过不用之太过而已。道家以为"神太劳则竭，形太劳则弊"。神是精神，形是身体。我们用身体或精神太过，则至于"难乎为继"的地步。所以我们做事要尽力，但不可尽到"力竭声嘶"的地步。这样的尽力是不可以长久的。《老子》所讲的做事方法，都是可以长久的，所以《老子》常说"可以长久"。《老子》说："企者不立，跨者不行。"又说："飘风不终朝，骤雨不终日。孰为此者？天地。天地尚不能久，而况于人乎？"一个人用脚尖站地，固然是可以看得远些；开跑步走，固然是可以走得快些，但这是不可久的。其不可久正如"天地"的飘风骤雨，虽来势凶猛，但亦是不能持久的。

《老子》所讲的做事方法，都是所谓"细水长流"的方法。会上山的人，在上山的时候，总是一步一步地，慢慢走上去，如是他可常走不觉累。不会上山的人，初上山时走得很快，但是不久即"气喘如牛"，不能行动了。又如我们在学校里用功，不会用功的人，平日不预备功课，到考时格外加紧预备，或至终夜不睡，而得不到好成绩。会用功的人，在平时每日将功课办好，到考时并不必格外努力，而自然得到很好的成绩。不会上山的人的上山法，不会用功的人的用功法，都不是所谓"细水长流"，都不是可以长久的办法。不论做何事，凡是可以长久的办法，总是西洋人所谓"慢而靠得住"的办法，亦即是所谓"细水长流"的办法。诸葛亮说："淡泊以明志，宁静以致远。"淡泊是俭，宁静是所谓"细水长流"的办法。

老子很喜欢水。他说："上善若水。"又说："天下莫柔弱于水，而攻坚强者莫之能胜。"屋檐滴下来的水，一点一滴，似乎没有多大力量。但久之它能将檐下的石滴成小窝。这即所谓"细水长流"的力量。

励勤俭

于此我们可以看出，在这一方面，勤与俭的关系。会上山的人，慢慢地走，不肯一下用尽他的力量，这是俭。但他又是一步一步，不断地走，这是勤。会用功的人，每天用相当时间的功，不"开夜车"，这是俭。但是"每天"必用相当时候的功，这是勤。不会上山的人，开始即快走，不肯留"有余不尽"的力量，这是不俭。及至气喘如牛，即又坐下不动，这是不勤。不会用功的人，开夜车，终夜不睡，这是不俭。考试一过，又束书不观，这是不勤。照这两个例看起来，勤与俭，在此方面，是很有关系的。所谓"细水长流"的办法，是勤而且俭的办法。

人的身体，如一副机器。一副机器，如放在那里，永不开动它，必然要锈坏。但如开动过了它的力量，它亦很易炸裂。一副机器的寿命的长短，与用之者用得得当与否，有很大的关系。人的"形""神"，亦是如此。我们的生活，如能勤而且俭，如上所说者，则我们可以"终其天年而不中道

236

夭"。道家养生的秘诀，说穿了不过是如此。这亦即所谓事天。我们的"生"是自然，是天然，所以养生亦是事天。

治一个国家，亦是如此。用一个国家的力量，亦须要使之有"有余不尽"之意。不然，亦是不可以长久的。治国养生，是一个道理。所以说："治人事天，莫如啬。"用一个国家的力量或用一个人的力量，都要使之有"有余不尽"之意，如此则可以不伤及它的根本。所以"啬"是"深根固柢"之道。有了深根固柢的力量，然后能长久地生存，长久地做事，所以说："俭故能广。"

1940年《新世训》。

励勤俭

儒家哲学之精神

中国的儒家，并不注重为知识而求知识，主要的在求理想的生活。求理想生活，是中国哲学的主流，也是儒家哲学精神所在。理想生活是怎样？《中庸》说"极高明而道中庸"，正可借为理想生活之说明。儒家哲学所求之理想生活，是超越一般人的日常生活，而又即在一般人的日常生活之中。超越一般人的日常生活，是极高明之意；而即在一般人的日常生活之中，乃是中庸之道。所以这种理想生活，对于一般人的日常生活，可以说是"不即不离"。用现代的话说，最理想的生活，亦是最现实的生活。

　　理想和现实本来是相对立的。超越日常生活，和即在一般人日常生活之中，也是对立的。在中国旧时哲学中，有动静的对立，内外的对立，本末的对立，出世入世的对立，体用的对立。这些对立，简言之，就是高明与中庸的对立。儒家所要求的理想生活，即在统一这种对立。"极高明而道中庸"，中间的"而"字，正是统一的表示。但如何使极高明和中庸统一起来，是中国哲学自古至今所要解决的问题。此问题得到解决，便是中国哲学的贡献。

　　"极高明而道中庸"，所谓"极高明"是就人的境界说，"道中庸"是就人的行为说。境界是什么？这里首先要提出一个问题：人和禽兽不同的地方何在？孟子说："人之所以异于禽兽者几希！"不同者只一点点。照生物学讲，人也是动物之一。人要饮食，禽兽也要饮食；人要睡觉，禽兽也要睡觉，并无不同之处。有人以为人是有社会组织的，

239

禽兽没有，这是人兽分别所在。可是仔细一想，并不尽然。人固有社会组织，而蜜蜂、蚂蚁也是有组织的，也许比人的组织还要严密。所以有无组织，也不是人兽不同之点。然而人与禽兽所异之几希何在？照我的意思，是在有觉解与否。禽兽和人同样有活动，而禽兽并不了解其活动的作用，毫无自觉。人不然，人能了解其活动的作用，并有自觉。再明显一点说：狗要吃饭，人也要吃饭，但是狗吃饭未必了解其作用，不知道这是怎么一回事，无非看见有东西去吃。人不同，能了解吃饭的作用，也能自觉其需要。又如蚂蚁也能出兵打仗，可是蚂蚁不明白打仗之所以然，它之所以出兵打仗者，不过出于本能罢了。而人不然，出兵打仗，能知道其作用，有了解也有自觉。这是人与禽兽不同之点。

自觉和了解，简言可称之为觉解。人有了觉解，就显出与禽兽之不同。事物对于人才有了意义。觉解有高低之分，故意义亦有多少之别。意义生于觉解，举例以明之：比如现在这里演讲，禽兽听了，便不知所以，演讲于它毫无意义。未受教育的人听了，虽然他了解比禽兽为多，知道有人在演讲，但也不知道所讲的是什么，演讲于他是没有什么意义的。假使受过教育的人听了，知道是演讲哲学，就由了解生出了意义。又以各人所受教育有不同，其觉解也有分别，如两人玩山，学地质者，必鉴别此山是火成岩抑水成岩；学历史者，必注意其有无古迹名胜。两人同玩一山，因觉解不同，其所生意义也就两样了。

宇宙和人生，有不同的觉解者，其所觉解之宇宙则一也；因人的觉解不同，意义亦各有异。这种不同的意义，构成了各人的境界。所以每人的境界也是不相同的。这种说法，是介乎常识与佛法之间。佛家说：各人都有自己的世界，"如众灯明，各遍似一"。一室之中有很多的灯，各有其所发的光，不过因其各遍于室中，所以似乎只有一个光。但以常识言：此世界似无什么分别，各个人都在一个世界的。

儒家哲学之精神

各人的境界虽然不同，但也可以分为四类：

一、自然境界

自然境界在其中的人，其行为是顺才或顺习的，所谓"行乎其所不得不行，止乎其所不得不止"，并不了解其意义与目的，无非凭他的天资，认为要这样做，就这样做了。如入经济系的学生，他是认为对经济有兴趣，但并不知道读了经济有什么好处，这是由于顺才。再如入经济系的学生，亦有因为入经济系人多即加入的，原无兴趣关系，更不明白益处所在，看见大家去也就去了，这是由于顺习。《诗经》的诗是当时的民间歌谣，作者未必知其价值如何，只凭其天才而为之，也是由于顺才。日出而作，日入而息的人，不知作息之所以，也是由于顺习。他如天真烂漫的小孩，一无所知，亦属自然境界。高度工业化的人，只知道到时上工退工，拿薪水，也可以说是自然境界的。自然境界的人，所做的事，价值也有高低。而他对于价值，并不了解，顺其天资与习惯，浑浑噩噩为之而已。

二、功利境界

功利境界在其中的人，其行为是为利的。图谋功利的人，对于行为和目的，非常清楚，他的行为、他的目的都是为利，利之所在，尽力为之，和自然境界的人绝然不同，其行为如为增加自己的财产，或是提高个人的地位，皆是为利。为利的人都属功利境界。

三、道德境界

道德境界在其中的人，其行为是为义的。义利之辨，为中国哲学家重要之论题。孔子说："君子喻于义，小人喻于利。"孟子说："鸡鸣而起，孳孳为善者，舜之徒也。鸡鸣而起，孳孳为利者，跖之徒也。欲知舜与跖之分，无他，利与善之间也。"这个分际，也就是功利境界与道德境界的区别。有人对于义利的分别，每有误解，以为行义者不能讲利，讲利的不能行义。如修铁路、办工厂都是为利，儒家必以为这种事都是不义的。有人以为孔孟之道，亦有矛盾之处，孔子既说"君子喻于义，小人喻于利"，则孔子

243

就不应该讲利。但是"子适卫，冉由仆，子曰：'庶矣哉！'冉有曰：'既庶矣，又何加焉？'曰：'富之'"，这不是讲利么？孟子见了梁惠王，"王曰：'叟！不远千里而来，亦将有以利吾国乎？'孟子对曰：王何必曰利，亦有仁义而已矣"。足见孟子是重仁义的，但是他贡献梁惠王的经济计划却说："不违农时，谷不可胜食也；数罟不入洿池，鱼鳖不可胜食也；斧斤以时入山林，材木不可胜用也。谷与鱼鳖不可胜食，材木不可胜用，是使民养生丧死无憾也。养生丧死无憾，王道之始也。"这都是讲利的，和仁义是否有矛盾呢？不过要知道，利有公私之别，如果为的是私利，自然于仁义有悖，要是为的是公利，此利也就是义了。不但与义不相悖，并且是相成的。程伊川亦说：义与利的分别，也就是公与私的不同。然则梁惠王所问何以利吾国，这似乎是公利，为什么孟子对曰，何必曰利。殊不知梁惠王之视国，如一般人之视家然，利国即利他自己。这就不是公利了。总之，为己求利的行为，是功利境界；为人

244

求利的行为，是道德境界。

　　一个人为什么要行义，照儒家说，并没有为什么，如有目的，那就是功利境界了。据儒家说，这种境界里的人，了解人之所以为人，认识人之上还有"全"——社会之全。人不过"全"之一部分，去实行对于"全"之义务，所以要行义。这事要附带说明全体和部分的先后，二者究竟孰先孰后，论者不一。以常识言：自然部分在先，有部分，才有全体。像房子，当然要先有梁柱，架起来才能成为房子。梁柱是部分的，房子是全体的。部分在先，似乎很明显。然而细细研究，并不尽然，假使没有房子，梁也不成其为梁，柱也不成其为柱，只是一个大木材而已。梁之所以为梁，柱之所以为柱，是由于有了房子而显出来的。这样讲来，可以说有全体才有部分，则全体在先，亦不为无理。孔孟亦说人不能离开人伦，意亦全体在先。亚里士多德说："人是政治动物。"其意是：人必须在政治社会组织中，始能实现人之所以为人，否则不能成为人，

245

无异一堆肉，俗谚所谓行尸走肉而已。正像桌子的腿，离了桌子，不能成为桌腿，不过一个棍子而已。所以个人应该对社会有所贡献，替社会服务。但也有人说：个人和社会是对立的，社会是压迫个人自由的。可是在道德的观点来看，便是错误。如果认为社会压迫个人，主张要把人从社会中解放出来的话，无异说梁为房子所压迫，应予解放；但是解放之后，梁即失了作用，不成其为梁了。

四、天地境界

天地境界在其中的人，其行为是事天的。天即宇宙，要知道，哲学所说的宇宙和科学所说的宇宙是不同的。科学的宇宙，是物质结构；哲学的宇宙，是"全"的意思。一切东西都包括在内，亦可称之为大全。在这种"全"之外，再没有别的东西了。所以我们不能说我要离开宇宙，也不能问宇宙以外有什么东西，因为这个宇宙是无所不包的。天地境界的人，了解有大全，其一切行为，都是为天地服务；照中国旧时说，在天地境界的人是圣人，在道德境界的人是贤人，在功利自然境界的人，那就是我们这一群了。

境界有高低，即以觉解的多寡为标准。自然境界的人，其觉解比功利境界的人为少。道德境界的人的觉解，又比天地境界的人为少。功利境界的人，知道有个人；道德境界的人，知道有社会；天地境界的人，除知道有个人、社会外，还知道有大全。不过他的境界虽高，所做的事，还是和一般人一样。在天地境界的人，都是为天地服务，像《中庸》所说："赞天地之化育，可以与天地参矣。"并非有呼风唤雨移山倒海之奇能。要知我们的一举一动，都有天地之化育。如了解其是天地化育之化育，我们的行动就是赞天地之化育，否则，即为天地所化育了。像禽兽与草木，因为它不了解，所以为天地所化育了。人如没有了解，也是要为天地所化育。圣人固可有特别才能，但也可以做普通人所做的事，因为他有了解，了解很高深，所以所做的事，意义不同，境界也不同。禅宗说："担水砍柴，

儒家哲学之精神

无非妙道。"如今公务员如果去担水砍柴，意义也就不同。因为他的担水砍柴是为了"抗战"，并不是为生活，妙道即在日常生活。如欲在日常生活之外另找妙道，那无异骑驴觅驴了。

总而言之，圣贤之所以境界高，并非有奇才异能，即有，亦系另一回事，于境界的高低无干，无非对于一般人的生活有充分的了解。圣人的生活，原也是一般人的日常生活，不过他比一般人对于日常生活的了解为充分。了解有不同，意义也有了分别，因而他的生活超越了一般人的日常生活。

所谓一般人的日常生活，就是在他的社会地位里所应该做的生活。照旧时说法：就是为臣要尽忠，为子要尽孝。照现代的说法：就是每个人要站在自己的岗位上做他应该做的事。圣人也不过做到了这一点。有人这样说：人人每天做些平常的事，世界上没有创作发明了。也有人说：中国之所以创作发明少，进步比西洋差，是由于儒家提倡平常生活。其实这个批评是错误的。圣人做的事，就是一般人所做的事，但并没有不准他有创作发明，每个人站在岗位上做其应做之事，此岗位如果应该有创作发明，他就应该去创作发明，我们并没有说一个人在岗位上做事不应该创作发明。

以上所说的四种境界，不是于行为外独立存在的。在不同境界的人，可以有相同的行为，不过行为虽然相同，而行为对于他们的意义，那就大不相同了。境界不能离开行为的，这并不是逃避现实，因为现实里边应该做的，圣人一定去力行，圣人所以为圣人，不是离了行为光讲境界。不然，不但是错误，而且是笑话。比如父母病了，我以为我有道德境界，不去找医生，这不是笑话么？要知道德境界是跟行为来的。没有行为，也就没有境界了。人的境界即在行为之中，这个本来如此，"极高明而道中庸"者，就是对于本来如此有了充分了解，不是素隐行怪，离开了本来，做些奇怪的事。

原载于《中央周刊》第五卷第四十一期，1943年5月。

儒家哲学之精神